Renate A. Klein
Jakob

Biblische Gestalten

Herausgegeben von
Christfried Böttrich und Rüdiger Lux

Band 17

EVANGELISCHE VERLAGSANSTALT
Leipzig

Renate A. Klein

Jakob

Wie Gott auf krummen Linien gerade schreibt

EVANGELISCHE VERLAGSANSTALT
Leipzig

Meiner Familie.

Die Deutsche Bibliothek – Bibliographische Information

Die Deutsche Bibliothek verzeichnet diese Publikation in der Deutschen Nationalbibliographie; detaillierte bibliographische Daten sind im Internet über <http://dnb.ddb.de> abrufbar.

Printed in EU · H 7108
Gedruckt auf alterungsbeständiges Papier
Umschlaggestaltung: behnelux gestaltung, Halle/Saale
Satz: Steffi Glauche, Leipzig

ISBN 978-3-374-02445-2
www.eva-leipzig.de

INHALT

A. EINFÜHRUNG

1. Jakob – Wie wird ein Betrüger zu »Israel«?

Noah, Abraham, Mose, Daniel, Jona, Zachäus, der verlorene Sohn und der barmherzige Samariter gehören zu den meistbesungenen Gestalten der christlichen Kinderliedliteratur. Über Jakob kann man das nicht in gleichem Maße behaupten. Liegt es daran, dass seine Taten so wenig lehrreich sind für Kinder? Natürlich ist Jakobs Betrug an dem Bruder und an dem blinden Vater nach unserer gängigen Moralvorstellung nicht gerade vorbildhaft, aber ist denn der verachtete Zöllner Zachäus besser, von dem Fritz Baltruweit singt: »klein und gemein, wie könnt' es anders sein?«[1], oder aber der widerspenstige Prophet Jona, der Gottes Auftrag mit Verspätung ausführt und ihm am Ende trotzig vorwirft, er sei so gnädig? Warum werden diese Figuren besungen, Jakob hingegen kaum? Denn langweilig sind die Geschichten über ihn keineswegs. Sie faszinieren Kleine und Große gleichermaßen. Die Erzählung vom Segensbetrug (1. Mose 27) z. B. schlägt den Leser oder Hörer in ihren Bann. Jede und jeder weiß, dass da etwas nicht mit rechten Dingen zugeht, aber alle fiebern mit Jakob mit. Wird er erkannt oder nicht? Dann das erleichterte Aufatmen, als er gesegnet wird, noch bevor sein Bruder von der Jagd kommt. Und wieder der Anstieg der Spannung, als von Esaus Mordgedanken die Rede ist (1. Mose 27,41). Krampfhaftes Daumendrücken, bis sich die Situation wieder

---

1 »Zachäus, du mieser Mann«, Text und Musik: F. Baltruweit 1990, in: F. Baltruweit, »Meine Lieder«, Düsseldorf.

entspannt. Man geht mit Jakob Schritt für Schritt mit, nach Mesopotamien und wieder zurück, zu den Stätten der Begegnung mit Gott, zum Wiedersehen mit dem Bruder.

Was sich während des Lesevorgangs abspielt, ist nicht die ehrfürchtige und vielleicht etwas wehmütige Betrachtung eines nie erreichbaren, weil perfekten Vorbildes. Es ist weitaus mehr. Hier identifiziert sich jeder Einzelne mit dem Hauptthelden. Er geht mit. Mit dem Betrüger! Aber er ist in guter Gesellschaft. Es gibt noch einen, der mitgeht: Gott. Dieser prophezeite schon vor der Geburt der Zwillingssöhne, wie die Geschichte ausgehen würde (1. Mose 25,23). Gott ist dabei, von Anfang an. Manchmal nur als stiller Beobachter der Taten seines Schutzbefohlenen. In Zeiten der Not zeigt er sich Jakob persönlich und verheißt ihm sein Geleit, so z. B. in der nächtlichen Vision von der »Himmelsleiter« (1. Mose 28,10 ff.). Er bestätigt Jakobs trickreiche, aber wirksame Methoden der Viehvermehrung durch die Erscheinung eines Engels (1. Mose 31,11 f.). Er hält Laban davon ab, Jakob etwas Böses anzutun (1. Mose 31,24) und verhindert Jakobs Verfolgung durch die von seinen Söhnen betrogenen Bewohner von Sichem (1. Mose 35,5).

Er, Gott, greift Jakob aber auch an. Die Geschichte von der Begegnung an der Furt des Jabbok (1. Mose 32,23 ff.) in der Nacht ist eine geheimnisvolle und verworrene Geschichte. Eines aber wird deutlich: Jakob erringt sich in diesem Kampf den göttlichen Segen. Und er erhält noch dazu den Namen Israel (1. Mose 32,29).

Weder dem gerechten (vgl. 1. Mose 15,6) und gottesfürchtigen (vgl. 1. Mose 22,12) Abraham noch dem vollkommenen und tadellosen Noah (vgl. 1. Mose 6,9) und auch sonst keiner der vorbildhaften Gestalten der

Abb. 1: Jacob Epstein: Jacob and the Angel

Bibel wird die Ehre zuteil, Identifikationsfigur für Israel zu sein, sondern ausgerechnet ihm, Jakob, dem Muttersöhnchen, dem Betrüger des Vaters und Bruders, dem von seinem Onkel Betrogenen, dem Flüchtling, dem »Gottesstreiter«, der die ganze Bandbreite von Lebensabenteuern durchgemacht hat.

Jakob ist eine komplexe Gestalt, vielleicht viel zu komplex, um besungen werden zu können. Gerade seine vielfältigen, manchmal sogar gegensätzlichen Eigenschaften machen ihn aber zur perfekten Identifikationsfigur. Jede und jeder kann einen Punkt an der Gestalt oder in den Geschichten Jakobs finden, an dem sie/er mit dem Erzvater übereinstimmt. Ein sympathischer Schelm ist dieser Jakob, pfiffig und bemitleidenswert, vorschnell und mutig, ein Mensch mit großen Stärken und genauso großen Schwächen, einer wie du und ich, einer, mit dem wir uns identifizieren können, gerade weil er nicht das makellose Vorbild ist. Gott steht trotzdem – oder gerade darum? – auf seiner Seite und schreibt auf Jakobs krummen Lebenslinien gerade.

Das ist der Grund, warum die Geschichten Jakobs so fesseln. Sie sind witzig und ernst zugleich. Sie zeigen den Menschen Jakob und seinen göttlichen Begleiter gemeinsam einen Weg gehen. Es gibt nicht Vieles, was tröstlicher sein könnte als das, was uns die biblischen Jakobserzählungen vermitteln, dass nämlich nicht die Vollkommenheit vor Gott zählt. Der mit allen Wassern gewaschene Jakob wird »Israel«, der eigentliche »Vater« des Volkes. Seine Geschichte ist weit mehr als nur ein Bindeglied zwischen dem so hoch gepriesenen Abraham und dem bekannten und allseits beliebten Josef. Sie ist gleichzeitig die Geschichte des Segens, eines heiß umkämpften, kostbaren Gutes, das errungen, erschlichen, gestohlen werden kann, aber erst wirksam wird, wenn Gott selbst das Spiel der Segnenden und Gesegneten in die Hand nimmt.

2. Jakob – (Wer) war er wirklich?

Ist Jakob eine historisch greifbare Gestalt oder »nur« ein Produkt imaginativen literarischen Schreibens? Die Bibel, vornehmlich das 1. Buch Mose, führt uns eine Familiengeschichte vor Augen, die die Handlungsfäden in vielfältiger Weise verknüpft, miteinander verstrickt und wieder entwirrt. Es ist eine spannende Geschichte, die Merkmale literarischer Erzählkunst in sich birgt. Es ist eine Geschichte, die sich jederzeit und überall abspielen könnte. Immer gibt es Kinder, die die Schwächen ihrer Eltern ausnutzen. Immer gibt es Mütter und Väter, denen eines ihrer Kinder besonders ans Herz gewachsen ist. Nie wird es an Streitigkeiten und Machtkämpfen zwischen Brüdern und Schwestern mangeln. Jakob und Esau, Isaak und Rebekka, Laban und seine Töchter bilden keine Ausnahme, und ihre Geschichten sind insofern auch nicht einzigartig und besonders. Aus dieser »wahren«, weil allgemeingültigen Familiengeschichte[2] lässt sich allerdings noch nicht auf die historisch überprüfbare Existenz Jakobs und der Seinen schließen. Bislang wurden weder Sandalen des Erzvaters noch Teile seines Nomadenzeltes ausgegraben. Auch ist keine Inschrift gefunden worden, die etwa über Jakobs Aufenthalte in Bet-El und seine göttlichen Visionen an dem Ort berichten würde. Und seine Fußspuren auf dem Weg von dem väterlichen Zeltlager nach Mesopotamien und zurück, nach Si-

---

2 Nach Aristoteles (Poetik, Kap. 9,1–3.9) ist Poesie – und wir können im Fall der Jakobserzählungen durchaus von Poesie sprechen – »philosophischer und gehaltvoller als die Geschichte; denn die Poesie stellt mehr das Allgemeine, die Geschichte nur das Einzelne dar«.

chem und später nach Ägypten sind alle längst vom Wind verweht worden.

Weder Jakob noch Laban, weder Esau noch Lea, weder Rahel noch Isaak oder Rebekka sind historisch als Einzelpersonen dingfest zu machen. Dennoch befasst sich die historische Forschung auch mit diesen Gestalten und zwar vornehmlich in zwei Dimensionen. Auf der einen Seite geht es darum, Argumente für die Historizität der Väter und Mütter Israels zu finden. Auf der anderen Seite wird der historische Kontext beschrieben und die Übereinstimmung der Väter- und Müttererzählungen mit diesem Kontext überprüft. Dabei wird auf der Suche nach neuen Quellen über den biblischen Tellerrand hinaus geblickt.[3]

Für die Historizität der Väter und Mütter Israels werden verschiedene Argumente ins Feld geführt. Zunächst spielen die Namen der Väter eine Rolle. Sie gehören zu den im 2. Jt. v. Chr. gemein altorientalischen Personennamentypen (Jakob etwa in der Form Jakub-El oder Jahkub-El mit der Bedeutung »Gott möge schützen« / »Gott schützt«).

Auch die ungewöhnlichen Gottesbezeichnungen, die in den Familiengeschichten des 1. Buches Mose vorkommen, werden gelegentlich als Hinweis auf die Historizität der Elterngestalten Israels gesehen. Aus dem »Starken Jakob« in 1. Mose 49,24 oder dem »Schrecken Isaaks« in 1. Mose 31,54 haben sich im Laufe der Zeit unterschiedlich ausgeprägte Theorien über die Religion der Väter und deren Einfluss auf die Entstehung Israels selbst und sogar der Überliefe-

---

3 Als zusammenfassenden Überblick zum Thema vgl. N. P. Lemche, Die Vorgeschichte Israels. Von den Anfängen bis zum Ausgang des 13. Jahrhunderts v. Chr., Biblische Enzyklopädie Bd. 1, Stuttgart 1996, 34–47.

rungsgeschichte seiner Geschichten entwickelt.[4] So wird z. B. angenommen, dass verschiedene Nomadenstämme mit jeweils unterschiedlichen Gottheiten sich im Zuge ihrer Sesshaftwerdung im Kulturland nicht nur personenmäßig vereinigten, sondern auch ihre mitgebrachten Götter, Geschichten und Traditionen miteinander verwoben. Zu den Jakob-Israel-Geschichten, die aus dem Norden stammen, wie ihre Lokalisierung in Bet-El, Sichem, Machanaim und Penuel zeigt, gesellten sich judäische Überlieferungen aus Hebron und Mamre. Mit der Vereinigung der Geschichten geschah auch die Vereinigung der unterschiedlichen Stammesgötter zum »Gott Abrahams, Isaaks und Jakobs«.

Für das bessere Verständnis der Väter- und Müttererzählungen der Bibel wird der altorientalische Kontext des 2. Jt.s v. Chr., also der angenommenen erzählten Zeit, beschrieben, um mögliche Parallelen oder Übereinstimmungen aufzuzeigen. In diesem Zusammenhang wird z. B. das Nomadisieren der Erzväter versuchsweise historisch gedeutet und mit dem Rückgang der städtischen Besiedlung im Kulturland im 2. Jt. v. Chr. in Verbindung gebracht.

Dokumente aus den altorientalischen Archiven Mari in Syrien und Nuzi im Nordosten des heutigen Irak enthalten wertvolle Hinweise auf verschiedene Gesellschafts- und Rechtsbräuche, wie sie in der einen oder anderen Form auch für die biblischen Erzählungen von Bedeutung sein können. So ist z. B. aus Nuzi

---

4 Zur Religion der Väter vgl. grundlegend A. Alt, Der Gott der Väter, in: Ders., Kleine Schriften zur Geschichte des Volkes Israel, 1. Band, München 1953, 1–78. Siehe auch den Forschungsüberblick von A. Alt bis in die neueste Zeit bei A. Pagolu, The Religion of the Patriarchs, JSOT.S 277, Sheffield 1998, bes. 15–25.

das Phänomen der Leihmutterschaft bekannt. Eine unfruchtbare Frau konnte ihrem Mann eine Sklavin zuführen, damit sie ihm Kinder gebären solle. Das tut in der biblischen Erzählung die unfruchtbare Rahel mit ihrer Magd Bilha (1. Mose 30,3). Ebenso verfährt Lea mit Silpa, als sie sieht, dass sich nach einigen Kindern nun eine Gebärpause eingestellt hat (30,9). Auch Hirtenverträge, ähnlich wie jene, die Jakob mit Laban abschließt, finden sich in den altorientalischen Archiven. Die Funktion der Erstgeburt in Bezug auf das Erbschaftsrecht ist ebenfalls nicht nur ein biblisches Problem.[5] Selbst Terafim, eben solche, wie sie Rahel von ihrem Vater stiehlt (1. Mose 31,19), gehören als Schutz bringende Figuren vergöttlichter Ahnen zum altorientalischen Haushaltsgerät.[6]

Neben Rechtsdokumenten werden zur Erhellung der Vätergeschichten auch altorientalische Mythen und Legenden herangezogen. Die Konfliktgeschichte zwischen Jakob und Esau wird etwa mit Geschichten über den Gegensatz und Kampf zwischen dem Natur- und dem Kulturmenschen verglichen. So z. B. sieht man in dem phönizischen Hypsoûranios, dem gesitteten Mann, Erfinder der Schilfrohrhütte und des Papyrus, und seinem Bruder Oûsoos, dem Jäger, eine Parallele zu Jakob, dem Zeltbewohner, und Esau, dem

---

5 Vgl. hierzu den Artikel »bekor« von M. Tsevat in ThWAT I, 1973, 643–649, aber auch die Monographie von F. E. Greenspahn, When Brothers Dwell Together. The Preeminence of Younger Siblings in the Hebrew Bible, New York / Oxford, 1994.

6 Vgl. K. van der Toorn / T. J. Lewis, Art. »terafim«, in: ThWAT VIII, 1995, 765–777; O. Loretz, Die Teraphim als »Ahnen-Götter-Figur(in)en« im Lichte der Texte aus Nuzi, Emar und Ugarit. Anmerkungen zu ilānū/ilh, ilhm/'lhym und DINGIR.ERÍN.MEŠ/inš ilm, UF 24, 1992, 133–178.

Jäger. Ebenso vergleicht man die Geschichten um Jakob und Esau mit dem babylonischen Gilgamesch-Epos, in dem der Kulturmensch Gilgamesch und der in der Steppe lebende haarige Enkidu einander gegenübergestellt werden.[7]

All dieses, Rechtstexte, Mythen, Etymologie der Namen der Väter, vermag bestimmte Sachverhalte mit einleuchtenden Argumenten zu erklären. Sie aber als Beweise für die Historizität der biblischen Väter und Mütter anzusehen, ist schwierig, nicht nur, weil die biblischen Vätergeschichten und ihre Handlungsträger archäologisch (noch?) nicht erfasst wurden, sondern weil es vielleicht gar nicht in der Absicht der Pentateucherzählungen liegt, historisch verifizierbare Geschichte zu schreiben. »Was die Bibel lehrt, ist Sicht des Glaubens. Sie entzieht sich dem Urteil des Historikers«, schreibt R. de Vaux.[8] I. Finkelstein und N. A. Silberman sehen in den Erzvätertraditionen »eine Art frommer ›Vorgeschichte‹ Israels«.[9] N. P. Lemche, der eine minimalistische Auffassung in Bezug auf die Geschichte Israels allgemein vertritt, also tendenziell sehr wenig als historisch gesichert ansieht, formuliert in Bezug auf die Vätergeschichten in aller Schärfe, »daß es von Grund auf falsch ist, die Erzählungen des Pentateuch für geschichtliche Berichte [zu] halten. Sie

---

7 Vgl. R. S. Hendel, The Epic of the Patriarch. The Jacob Cycle and the Narrative Traditions of Canaan and Israel, Harvard Semitic Monographs 42, Atlanta, Georgia, 1987, der die Jakobserzählungen der Bibel im Licht altorientalischer literarischer Quellen darstellt.

8 R. de Vaux, Die Patriarchenerzählungen und die Geschichte, SBS 3, Stuttgart ^{2}1968, 38.

9 I. Finkelstein / N. A. Silberman, Keine Posaunen vor Jericho. Die archäologische Wahrheit über die Bibel, München ^{4}2003, 58.

sind vielmehr deutlich das Ergebnis literarischer Konstruktion, die nicht Geschichte nachzeichnen, sondern Literatur schaffen wollte«.[10]

Alle genannten Parallelen verleihen den Geschichten um Jakob plausibles altorientalisches Flair, jedoch lässt sich konkret weder aus den Mythen noch aus kultischen Bräuchen oder Rechtstexten des Alten Orients im 2. Jt. v. Chr. zu Jakob oder einem seiner Verwandten als Individuen etwas sagen. Es lässt sich lediglich festhalten, dass die Jakobsgeschichten nicht aus ihrem altorientalischen Rahmen fallen.

Heißt das nun, dass Jakob und seine Eltern, sein Bruder, sein Onkel, seine Frauen und Kinder keine Geschichtsträger, sondern »nur« Schöpfungen der freien Kreativität und Phantasie erzählerisch begabter Menschen sind? Gibt es nichts historisch Greifbares in den Jakobserzählungen des 1. Buches Mose?

Doch, hin und wieder bietet der Bibeltext selbst Hinweise auf historisch in gewissem Maße verwertbare Fakten, so etwa die Gleichsetzung Esaus mit Edom (1. Mose 25,30), dem Israel im Laufe der Geschichte immer wieder feindlich gesinnten Nachbarvolk. Auf weitere mögliche historische Haftpunkte wird bei der Darstellung (B) der Erzählungen am entsprechenden Ort Bezug genommen. Man wird allerdings bei einer fortlaufenden und aufmerksamen Lektüre der Jakobserzählungen merken, dass aus den vereinzelten historischen Andeutungen kaum eine Rekonstruktion der Gestalten, der Patriarchenzeit oder auch der Zeit der Erzählung gewonnen werden kann. Auch stehen die historischen Bruchstücke nicht im Vordergrund der Erzählung. »Das, was da erzählt wird, ist nicht die Geschichte, wie sie faktisch

---

10 N. P. Lemche, Vorgeschichte, 219 f.

geschah […] Es ist das Bild, das sich dieses Volk selbst von seiner Geschichte gemacht hat […]«[11]

Wer war Jakob also wirklich? Wer das konkrete Individuum Jakob war, ist nicht auszumachen. In der Familiengeschichte der Bibel ist er wohl am ehesten als literarische Gestalt greifbar. Trotzdem haftet ihm eine gewisse Historizität dadurch an, dass er als Ursprung Israels, ja als Israel selbst dargestellt wird. Historisch ist also die Tatsache, dass Israel diese Gestalt zum »Vater« gemacht hat. Anders gesagt: Der literarische Jakob ist für Israel zur Identifikationsfigur und somit zu einer historischen Gestalt geworden. Dieser Figur und ihren Geschichte schreibenden Geschichten gilt es, auf der literarischen Ebene des Bibeltextes nachzugehen.

---

11 R. Lux, Josef. Der Auserwählte unter seinen Brüdern, Biblische Gestalten, Bd. 1, Leipzig 2001, 18.

B. DARSTELLUNG

1. Von Jakobs Vorfahren

Um die Protagonisten der Jakobserzählung innerhalb ihrer Familienstruktur besser kennenzulernen und auch um ihre Handlungen und Erlebnisse besser zu verstehen, ist eine summarische Betrachtung der Geschichten der Vorfahren Jakobs nützlich.

Mit Abram, dem Sohn Terachs (1. Mose 11,27) und »Großvater« Jakobs, beginnt die Familiengeschichte im 1. Mosebuch, und zwar gleich mit Komplikationen, denn Abrams Frau Sarai »war unfruchtbar und hatte kein Kind« (1. Mose 11,30). Diese kurze Bemerkung deutet schon auf die sich in jeder Generation wiederholende Gefährdung des Familienbestandes hin. Beinahe ironisch mutet kurz darauf die Verheißung Gottes an:

> »Ich will dich zum großen Volk machen und will dich segnen und will dir einen großen Namen machen, und du sollst ein Segen sein! Ich will segnen, die dich segnen, und verfluchen, die dich verwünschen; und in dir sollen gesegnet werden alle Geschlechter auf Erden« (1. Mose 12,2f.).

Wie soll sich das aber erfüllen, wenn nicht einmal ein einziges Kind da ist? Auch in dieser, gemessen an der Situation, übertrieben scheinenden Verheißung stecken für die gesamte Familiengeschichte programmatische Gedanken. Da ist zunächst festzuhalten, dass es ein Gotteswort ist, dass also hier jemand mitspielt, dessen Gedanken, Worte und Werke über das vom Menschenverstand Fassbare hinausgehen. Es wird sich in der Gesamterzählung immer wieder zeigen, dass Gott in kritischen Situationen eingreift und Geschicke zu wenden vermag. Zum anderen enthält diese Verheißung gleich viermal das Wort, das diese Geschichten durchwegs prägt und in der Jakobserzählung dann die eigentliche Hauptrolle spielt: der Segen. Gefährdungen, Gottes Auftritte und der alles bestimmende Segen verleihen der Familiengeschichte von Anfang an Spannung.

Kaum spricht Gott die Verheißung von dem großen Volk aus, gefährdet eine Hungersnot das Leben der Familienmitglieder (1. Mose 12,10). Durch die Reise in das davon nicht betroffene Ägypten wird diese Gefahr zwar gebannt, aber der Zusammenhalt der Familie ist bedroht, denn Abram gibt Sarai als seine Schwester aus, der Pharao persönlich findet Gefallen an ihr und nimmt sie in sein Haus (1. Mose 12,15). Durch Gottes Eingreifen wird die Familie wieder zusammengeführt.

Es ergeht eine neue Verheißung an Abram. Nachkommen verspricht Gott dem Zweifel vorbringenden Mann, so zahlreich wie die Sterne am Himmel (1. Mose 15,5). Die Realität sieht aber anders aus, denn »Sarai, Abrams Frau, gebar ihm kein Kind« (1. Mose 16,1). Wenn Gott nicht dafür sorgt, seine eigene Verheißung zu erfüllen, dann müssen die Menschen nachhelfen. Sarai probiert es, wie es später auch Rahel und Lea tun werden, mit einer Leihmutter (1. Mose 16,3). Das Ergebnis des Experiments lässt sich sehen: Die ägyptische Magd Hagar wird schwanger (1. Mose 16,4). Doch Hagars Überheblichkeit und Sarais Neid gefährden den Hausfrieden. Hagar flieht (1. Mose 16,6). Sie gebärt Ismael (1. Mose 16,15). Sicher, es ist Abrams Sohn, und Gott bedenkt auch ihn mit Segen (1. Mose 17,20), aber der rechte Sohn soll erst noch geboren werden, von der rechten Frau (1. Mose 17,16). Den Ernst dieser Verheißung und das zu entstehende

Neue in dieser Familie unterstreichen auch die Namensänderungen der Eltern. Aus Abram wird Abraham, ein »Vater vieler Völker« (1. Mose 17,5), und aus Sarai wird Sara, was so viel wie »Fürstin« bedeutet (1. Mose 17,15). Ganz ernst wird es dann, als auf Abrahams ungläubiges Lachen (1. Mose 17,17) hin Gott den Geburtstermin »um diese Zeit im nächsten Jahr« ansetzt (1. Mose 17,21). Noch einmal wird dieser Termin von Abrahams drei göttlichen Besuchern genannt, mit Nachdruck, weil Sara die Geburt eines Kindes in ihrem Alter eher für einen schlechten Scherz hält und ebenfalls darüber lacht (1. Mose 18,9 ff.).

Wie viel göttlicher Anstrengung und immer neuer Anläufe es doch bedarf, das betagte Ehepaar davon zu überzeugen, dass es um die Geburt des verheißenen Sohnes wirklich ernst ist. Doch die beiden wandern erst einmal nach Süden und lassen sich als Fremdlinge in Gerar nieder (1. Mose 20,1). Abraham gibt Sara wieder als seine Schwester aus, genauso wie er es in Ägypten getan hatte, weil er meint, dass er sich dadurch eventuell Unannehmlichkeiten ersparen könne. Sara muss, wenn man der Chronologie der Gesamterzählung folgt und die einzelnen Episoden in ihrem heutigen Kontext ernst nimmt, auch als 90-Jährige noch eine gewisse Faszination ausgeübt haben, denn Abimelech, der König von Gerar, nimmt sie zu sich (1. Mose 20,2). In dieser Situation springt Gott ein. Er öffnet Abimelech die Augen und beschuldigt ihn, eines Mannes Ehefrau genommen zu haben (1. Mose 20,3). Daraufhin stellt Abimelech Abraham zur Rede und entlässt dann die Eheleute reich beschenkt (1. Mose 20,9 ff.). Wieder hat Gott die Familie vor dem Auseinandergehen bewahrt.

Und dann, erst dann, nach so vielen Irrwegen und Verwirrungen, Verheißungen und ungläubigem Lachen, wird der Sohn geboren. Isaak – »Er wird lachen« ist sein Name. Auch Sara hat eine Deutung für diesen Namen: »Gott hat mir ein Lachen bereitet; denn wer es hören wird, der wird über mich lachen« (1. Mose 21,6). Das Lachen hält aber nicht lange an, denn als Sara Ismael, den Sohn der Ägypterin, sieht und daran denkt, dass er mit Isaak zusammen erben wird, gewinnen Neid und Eifersucht die Oberhand (1. Mose 21,9 f.). Damit der Haussegen nicht schief hängt, müssen Hagar und ihr Sohn fort. Abraham selbst vertreibt sie schweren Herzens und gegen seinen Willen (1. Mose 21,11 ff.).

Nun ist der rechte Sohn von der rechten Mutter da, die Leihmutter ist weg, der Miterbe auch – das Familienglück scheint gesichert zu sein. Und doch wird die Familie jetzt härter denn je auf die Probe gestellt. Gott selbst fordert von Abraham, seinen geliebten Sohn Isaak zu opfern (1. Mose 22). Unerhört ist diese Geschichte, grausam, und für den Leser von höchst nervenaufreibender Intensität. Interessant ist sie im Hinblick auf die Geschichten von Jakob insofern, als dort auch von einem un-menschlichen Überfall auf Jakob an der Furt des Jabbokflusses berichtet wird. Gefahren drohen der Familie also nicht nur von Erdenbürgern.

Abraham hat die Probe mit Bravour bestanden, »denn nun weiß ich, dass du Gott fürchtest und hast deinen einzigen Sohn nicht verschont um meinetwillen« (1. Mose 22,12). Als Lohn für seinen Gehorsam erhält Abraham wieder eine Verheißung, die von Segen spricht und von Nachkommen, so zahlreich wie Sand am Meer (1. Mose 22,15–18).

Von Nachkommen ist dann auch tatsächlich die Rede, aber von denen Nahors, des Bruders Abrahams. In diesem Zusammenhang wird zum ersten Mal

Rebekka genannt, die Tochter Betuëls und Enkeltochter Nahors (1. Mose 22,20 ff.). Abraham selbst hingegen bleiben weitere Nachkommen versagt, da Sara stirbt. Er erwirbt für sie von dem Hetiter Efron die Grabhöhle Machpela (1. Mose 23), wichtig nicht nur für die folgenden Todesfälle in der Familiengeschichte, sondern vielleicht noch mehr als erster eigener kanaanäischer Landbesitz der von Gott erwählten Familie.

Nach Saras Beisetzung kümmert sich Abraham um den Fortbestand der Familie. Isaak muss verheiratet werden, aber nicht mit einer der Frauen des Landes, sondern mit einer aus der Verwandtschaft. Auch dieses Motiv wird sich in der Jakobserzählung wiederfinden. Abraham sendet seinen Knecht nach Haran, um für seinen Sohn Isaak eine Frau zu freien. Hier kommt Rebekka ins Spiel, deren Name schon in der Genealogie Nahors gefallen war. Sie, die Tochter Betuëls und Enkeltochter Nahors, aus der Verwandtschaft Abrahams, »von sehr gutem Aussehen« – das Gleiche gilt auch für Rahel, Jakobs zweite Frau, aus der gleichen Familie –, »eine Jungfrau, die von keinem Mann wusste« (1. Mose 24,16), erfüllt in den Augen des Abrahamsknechtes alle Voraussetzungen einer geeigneten Ehefrau für Isaak. Sie erweist sich als zuvorkommend und mit Eigeninitiative begabt, als sie nicht nur dem Knecht bei seiner Ankunft den Wasserkrug reicht, sondern auch alle seine Tiere tränkt (1. Mose 24,17–20). Sie ist entschlossen, sich sofort dem ihr bestimmten Los zu fügen. Als die Familienangehörigen merken, dass an ihrem Entschluss nicht zu rütteln ist, entlassen sie Rebekka mit dem Segen und dem Wunsch vieler Nachkommen.

Verschleiert tritt Rebekka am Ende ihrer Reise Isaak entgegen.

»Da führte sie Isaak in das Zelt seiner Mutter Sara und nahm Rebekka, und sie wurde seine Frau, und er gewann sie lieb. Also wurde Isaak getröstet über seine Mutter« (1. Mose 24,67).

Dieser letzte Kommentar verleiht Rebekka so etwas wie eine Mutterersatzfunktion. Dass diese mütterliche Sicht von Rebekka einiges für sich hat, wird sich in den folgenden Erzählungen noch zeigen.

Auch Abraham tröstet sich über den Verlust seiner Frau Sara mit einer zweiten Frau, Ketura, die ihm Nachkommen schenkt (1. Mose 25,1–4). Abraham stirbt »alt und lebenssatt« und wird von Isaak und Ismael – die beiden scheinen die Rivalität ihrer Mütter nicht fortzuführen – in der Höhle Machpela beigesetzt (1. Mose 25,8–10).

Die Familie hat den Schritt in die zweite Generation durch eine Reihe von Gefahren hindurch, aber mit der Verheißung, dem Geleit und hin und wieder mit dem Eingreifen Gottes bestanden. Und der Segen? Auch der geht weiter: »Nach dem Tode Abrahams segnete Gott Isaak, seinen Sohn« (1. Mose 25,11).

Gott gibt zum Schluss den Segen. Er gibt ihn dem rechten Sohn, dem Isaak. Ismael erhält auch seinen Teil, aber er stellt die Nebenlinie der Familie dar. Der von Gott bestimmte Segensträger in der von ihm selbst erwählten Familie ist Isaak. An wen wird dieses kostbare Gut weitergeleitet? Aufschluss darüber geben die Erzählungen, die nun genauer in den Blick genommen werden sollen.

Abb. 2: Marc Chagall: Rebecca fait bénir Jacob par Isaac

2. Die Jakobserzählungen

Schon der Aufbau der Gesamterzählung und die Abfolge der einzelnen Episoden verleihen der Geschichte eine Dynamik und eine Spannung, die sie zu einer fesselnden Lektüre werden lassen. Die Gesamterzählung lässt sich wie folgt gliedern:

Jakob und Esau I
- Die Zwillinge (1. Mose 25,19–28)
- Die Erstgeburt (1. Mose 25,29–34)
- Der Segen (1. Mose 26,34–28,9)
- *Die Himmelsleiter in Bet–El* (1. Mose 28,10–22)

Jakob und Laban I
- Ankunft und Aufnahme in Mesopotamien (1. Mose 29,1–14)
- Dienst und Lohn: Die Hochzeiten (1. Mose 29,15–30)

Jakobs Frauen: Der Geburtenwettstreit (1. Mose 29,31–30,24)

Jakob und Laban II
- Jakobs Hirtendienst bei Laban (1. Mose 30,25–43)
- Flucht und Auseinandersetzung mit Laban (1. Mose 31,1–32,1)

Jakob und Esau II
- Vorbereitung auf die Begegnung mit Esau (1. Mose 32,2–22)
- *Der Kampf am Jabbok* (1. Mose 32,23–33)
- Die Begegnung der Brüder (1. Mose 33,1–19)
- *Letzte Gotteserscheinung in Bet–El* (1. Mose 35,1–15)
- Rahels Tod und weitere Notizen (1. Mose 35,16–29)

Die jeweils neu aufbrechenden und sich dann in umgekehrter Reihenfolge lösenden Konflikte zwischen Jakob und Esau, Jakob und Laban und Jakobs Frauen sind in konzentrischen Kreisen angelegt, die der Erzählung einen abgerundeten Charakter geben. Was die Geschichte der Beziehung Jakobs zu seinem Gott angeht, so fügt sich diese sehr gut in den Erzählzusammenhang ein. Gottesbegegnungen ereignen sich immer an Knoten- und Wendepunkten in der Familiengeschichte. Das Zusammenspiel menschlicher und göttlicher Geschichte soll im Folgenden zur Sprache kommen.

2.1 Jakob und Esau I

2.1.1 Die Zwillinge (1. Mose 25,19–28)

»Dies ist die Geschlechterfolge des X. X zeugte den Y. Y zeugte den Z …«. Das ist die Grundform, in der in der Bibel stammbaumähnliche Angaben über einige Gestalten gemacht werden. Aus manchen dieser formelhaft eingeleiteten Geschlechterfolgen entspinnen sich Geschichten, so aus der Noahs (1. Mose 6,9 ff.) die Geschichte von der großen Flut, aus der Terachs (1. Mose 11,27 ff.) Abrahams Auszug aus Ur oder aus den Geschlechterfolgen Jakobs (1. Mose 37,2) die Josefsgeschichte. Es ist in jedem Fall eine Geschichte, die nicht auf die Vorfahren zurückblickt, sondern auf die Nachkommen der in der Geschlechterfolge genannten Gestalt vorausschaut.

Ganz in diesem Sinne beginnt in 1. Mose 25,19 der große Komplex der Jakobsgeschichten mit den Worten: »Dies sind die Geschlechterfolgen Isaaks, des Sohnes Abrahams«. Der zweite Halbsatz hat wiederholenden Charakter und wirkt daher eigenartig auf den Leser: »Abraham hatte den Isaak gezeugt«. Selbst wenn man die Vorgeschichte dessen, was nun folgt, nicht kennt, kann man schon aus V. 19 a entnehmen, dass Abraham der Vater Isaaks ist. Warum also diese Doppelung in V. 19 b, die umso mehr Aufsehen erregt, als sie nicht im gewöhnlichen Erzähltempus steht.

Der Stolperstein 1. Mose 25,19 b hat seinen Sinn. Er betont nämlich die Geburt Isaaks. Dadurch wird ausgesagt: Jetzt geht es um das Eigentliche, um den wahren Sohn Abrahams, den dieser selbst mit der rechten Frau gezeugt hat, um den, der die Segenslinie in der von Gott auserwählten Familie fortführen soll.

So beginnt die Geschlechterfolge dieses zweiten Ahnvaters: »Isaak war 40 Jahre alt, als er sich Rebekka, die Tochter des Aramäers Betuël aus Paddan-Aram, die Schwester des Aramäers Laban, zur Frau nahm« (1. Mose 25,20). Diese Angaben, von denen die meisten aus 1. Mose 24 schon bekannt sind, müssten nun nach der Grundform der Geschlechterfolgen weitergeführt werden: »... und Isaak zeugte den ...«. Doch es kommt anders, denn Rebekka ist unfruchtbar. Das Problem, das schon Sara und Abraham hatten, wiederholt sich, und dem Bestand der Familie droht auch in dieser zweiten Generation der Abbruch. Anders als Abraham aber, der Gottes Sohnesverheißungen ungläubig belächelt und seine Frau in Ägypten und Gerar in Gefahr gebracht hatte, bittet Isaak den Herrn für seine Frau, und dieser lässt sich erbitten (V. 21).

Durch Rebekkas Schwangerschaft ist eine Hürde genommen, aber es gibt noch einiges durchzustehen, denn die Söhne stoßen sich gegenseitig in ihrem Leib (V. 22a). Das ist ein erster Hinweis darauf, dass mehr als ein Kind unterwegs ist. Der Hinweis kommt von einer Figur des Textes, nämlich vom Erzähler.

Die namenlose Gestalt des fiktiven Erzählers ist nach der modernen Literaturwissenschaft nicht mit dem Autor zu identifizieren.[12] Er gehört ebenso wie Isaak, Rebekka, Laban

---

12 Vgl. F. K. Stanzel, Theorie des Erzählens, UTB 904, Göttingen 1979, 27 f.; J. H. Petersen, Erzählsysteme. Eine Poetik epischer Texte, Stuttgart 1993, 16; D. Dieckmann, Segen für Isaak. Eine rezeptionsästhetische Auslegung von Gen 26 und Kotexten, BZAW 329, Berlin / New York 2003, 126 f.

und alle anderen zum Figureninventar des Textes. Seine Funktion besteht darin, die Reden der anderen Figuren einzuleiten (»und er sagte ...«, »und es antwortete ... und sprach ...«) und deren Handlungen zu berichten. Der Erzähler ist insofern eine besondere Figur im Text, als er vom Autor z. B. mit Allwissenheit ausgestattet werden kann, was dem Leser wiederum den Eindruck verleiht, der Erzähler stehe über den Dingen, er könne Gedanken lesen, in das Herz der Figuren hineinsehen und sogar Unausgesprochenes wissen und sagen. Manchmal finden sich in der Erzählerrede auch kommentierende Äußerungen. Trotz alledem ist die Figur des Erzählers nicht grenzenlos allwissend oder allgegenwärtig. Ihre übernatürlichen Fähigkeiten sind auf ein Maß beschränkt, das ihr der Autor als Schöpfer zugesteht.

Der Erzähler sagt, dass »Söhne« unterwegs sind und dass sie im Mutterleib einander stoßen. Rebekka selbst scheint von Zwillingen nichts zu wissen. In ihrem Schmerz oder auch in ihrer Verzweiflung fragt sie sich: »Wenn das so geht, warum (geschieht) mir das?« (1. Mose 25,22). Durch die Hinzufügung des Wortes »leben« in einigen Bibelhandschriften wird die Frage noch deutlicher: »Wenn das so geht, warum lebe ich dann?« In ihrem unerträglichen Leiden geht sie den Herrn befragen (V. 22b). Die Antwort in der Form eines göttlichen Orakelspruchs (V. 23) hebt sich vom Kontext ab und wirkt daher besonders feierlich:

»Zwei Völker sind in deinem Mutterleib, und zwei Völker werden sich scheiden aus deinem Leib. Ein Volk wird stärker sein als das andere, und der Ältere wird dem Jüngeren dienen.«

Dieser Spruch ist mehr als die Antwort auf Rebekkas Frage nach dem Grund ihrer leidvollen Schwangerschaft. Er erfüllt die Funktion einer Exposition für die Gesamterzählung. Hier konzentriert sich schon das Konfliktpotential, das den gesamten Erzählkomplex durchziehen wird. Gleichzeitig ist dieser Orakelspruch ein Element der Erzählung, das über die Familiengeschichte hinausweist. Sieht man genau hin, so stellt man fest, dass das Wort »Söhne« darin gar nicht vorkommt. Es geht in dem Spruch um »Völker«, deren Geburt angekündigt wird. Diese werden sich voneinander »scheiden«, und ein Abhängigkeitsverhältnis zwischen ihnen wird festgeschrieben, das selbst heutige Leser aufmerken lässt: »der Ältere wird dem Jüngeren dienen«.

Zwar weiß man ohne Vorkenntnis des gesamten Erzählkomplexes an diesem Punkt der Erzählung noch nicht, um welche Völker es sich handelt, aber mit fortschreitender Lektüre werden die Bezüge deutlicher, und der Orakelspruch gewinnt nach und nach Gestalt. Dieses schrittweise Entschlüsseln der Erzählung wollen wir uns nicht durch historische Erwägungen schon an dieser Stelle nehmen lassen. Deswegen soll auf die historischen Konnotationen, die der Orakelspruch in sich birgt, erst dann eingegangen werden, wenn die Erzählung selbst durch weitere Informationen dazu Anlass gibt.

Zwei Söhne, ja zwei Völker sollen geboren werden. Wie mag Rebekka diese Ankündigung aufgenommen haben? Darüber steht in der Erzählung nichts. Sie spricht von der Geburt der Söhne. Der Ausruf des Erzählers: »Und siehe: Zwillinge in ihrem Mutterleib!« (V. 24) soll nicht das Wunder einer Zwillingsgeburt hervorheben, denn es ist zu diesem Zeitpunkt schon klar, dass Zwillinge erwartet werden, sondern ist eine Einladung an den Leser, das Geschehen zu sehen. Die Aufforderung des Erzählers ist der erste Hinweis darauf bzw. die Voraussetzung dafür, dass sich das Orakel erfüllen kann. »Siehe, was Gott gesagt hat, geht tatsächlich in Erfüllung!« So könnte V. 24b aus der Perspektive des Lesers verstanden werden.

Auch eine zweite Aussage des Orakels beginnt durch die Geburt Gestalt anzunehmen: »sie werden sich voneinander scheiden«. Das deutet sich durch die so unterschiedliche Beschreibung der Neugeborenen an. Der erste ist »ganz rötlich«, »wie ein haariger Mantel«. Er wird Esau genannt (V. 25). Danach kommt sein Bruder, die Hand an Esaus Ferse geklammert. Sein Name ist Jakob (V. 26a). Will man diesen Namen ins Deutsche übertragen, muss man ihn von *ekeb* (»Ferse«) herleiten und ihn sinngemäß etwa als »Ferserich« oder »Fersenhalter« wiedergeben. Abgerundet wird die Geburtsgeschichte im Sinne der Struktur der Geschlechterfolge mit Isaaks Altersangabe. 60 Jahre war er alt, als seine Söhne geboren wurden (V. 26b).

Erstaunlich ist diese Zwillingsgeburt, weil es die erste und eine von nur zweien im ganzen Alten Testament ist. Von der Geburt des zweiten Zwillingspaares Perez-Serach wird in 1. Mose 38,27–30 berichtet. Auch diese Episode wird mit genau den gleichen Worten eingeführt wie 1. Mose 25,24b: »Und siehe: Zwillinge in ihrem Mutterleib!« (1. Mose 38,27b). Diese wörtliche Übereinstimmung, aber auch die Tatsache, dass in der Perez-Serach-Geschichte ein Kampf der noch Ungeborenen um die Erstgeburt stattfindet, den man eigentlich in der Esau-Jakob-Geschichte erwarten würde (vgl. 1. Mose 25,22a), betrachtet Y. Zakovitch als Indizien einer beabsichtigten literarischen Abhängigkeit der beiden Geburtsgeschichten. Er bezieht Hos 12,4 in seine Überlegungen ein, wo es von Jakob heißt: »Im Mutterleib hat er seinen Bruder betrogen«. Y. Zakovitch geht davon aus, dass an dieser »peripheren« Stelle der Bibel sich in dem Wortspiel *akab* (»betrügen«; vgl. HAL zu *akab* I) – Jakob (»Betrüger«) die ursprüngliche Namensdeutung dieser Gestalt erhalten habe, während in 1. Mose 25,26a diese für Jakob ungünstige Deutung durch die neutralere des »Fersenhalters« ersetzt wurde. Da in der Erzählung über die Geburt von Perez und Serach durch die ausgestreckte Hand erst des einen Kindes, dann den Rückzieher und die Erstgeburt des anderen so etwas wie ein Betrug stattfindet, nimmt Y. Zakovitch an, dass eine Fassung dieser Erzählung ursprünglich die Esau-Jakob-Geburtsgeschichte gewesen sei, die dann auf Perez und Serach übertragen wurde.[13]

Kindheit und Jugend der beiden Söhne werden ganz knapp zusammengefasst: »die Knaben wuchsen heran« (V. 27a). Die schon bei der Geburt so unterschiedlichen Säuglinge entwickeln sich zu Männern mit ganz verschiedenen Interessengebieten. Esau wird »ein Jagdkundiger, ein Mann des Feldes«, Jakob aber »ein vollkommener Mann«, der bei den Zelten bleibt (V. 27). Nicht selten haben Forscher auf Grund dieser Beschreibung der Zwillingsbrüder die Gesamterzählung als Widerspiegelung des Konfliktes zwischen Natur- und Kulturmensch betrachtet.[14]

---

13 Vgl. zu den obigen Ausführungen Y. Zakovitch, An Introduction to Inner-Biblical Interpretation (hebräisch), Even-Jehuda 1992, 13–15.

14 Vgl. z. B. H. Gunkel, Genesis, Nachdruck der 3. Auflage mit ausführlichen Registern von Paul Schorlemmer, Göttinger Handkommentar zum Alten Testament, Göttingen ^{9}1977, 297; G. von Rad, Das erste Buch Mose. Genesis, ATD 2/4, Göttingen ^{8}1967, 231 f.; R. S. Hendel, Epic, 127.

Konfliktpotential nicht nur zwischen den ungleichen Zwillingsbrüdern Esau und Jakob, sondern auch zwischen den Eltern Isaak und Rebekka birgt 1. Mose 25,28: »Und Isaak liebte Esau, denn er mochte Wildbret (wörtlich: »Wildbret war in seinem Mund«), Rebekka aber liebte Jakob.« Konfliktträchtig ist hier nicht nur die Vorliebe der beiden Elternteile für je einen ihrer Söhne, sondern auch die Art der elterlichen Zuneigung zu ihren Kindern. Isaak und Esau verbindet das Wildbret, Rebekka aber liebt Jakob, ohne dass dafür ein Grund angeführt wird, also bedingungslos. Das bleibt nicht ohne Folgen für den weiteren Verlauf der Erzählungen.

2.1.2 Die Erstgeburt (1. Mose 25,29–34)

Nach der Geburt und der allgemeinen Vorstellung der Zwillingsbrüder unter besonderer Hervorhebung ihrer Unterschiedlichkeit bietet sich dem Leser nun eine sehr konkrete Szene dar. Ihre Protagonisten sind Jakob, der etwas in V. 29 noch nicht genau Definiertes kocht, und Esau, der *ajef* vom Feld kommt. Meistens wird *ajef* mit »müde« übersetzt, es kann aber auch die Bedeutungen »hungrig« und »durstig« annehmen.[15] Der Ausdruck *ajef* werde fast immer mit Tod oder Todesnähe assoziiert, schreibt J. Taschner.[16] Wenn man davon ausgehen darf, dann erhält die Szene

15 Vgl. R. A. Klein, Leseprozess als Bedeutungswandel. Eine rezeptionsästhetische Erzähltextanalyse der Jakobserzählungen im Buch Genesis, Arbeiten zur Bibel und ihrer Geschichte 11, Leipzig 2002, 175, Anm. 6; dort auch weitere Literaturhinweise.

16 J. Taschner, Verheißung und Erfüllung in der Jakoberzählung (Gen 25,19–33,17). Eine Analyse ihres Spannungsbogens, Herders Biblische Studien 27, Freiburg u. a. 2000, 33.

schon zu Beginn einen Anflug von Dramatik. Für Esau geht es um Leben oder Tod. Da spielen keine höflichen Floskeln eine Rolle und auch nicht das stilvolle Vorbringen der Bitte um Essen. Mit einem Wort, das nur an dieser Stelle in der Bibel vorkommt und in der rabbinischen Literatur in Bezug auf die Fütterung von Tieren gebraucht wird,[17] tut Esau seinen Heißhunger kund: »Lass mich verschlingen von dem Roten da, denn ich bin erschöpft« (V. 29).

Esaus Worte passen zu seiner Art, wie sie in V. 25 und 27 beschrieben wird. Was kann man schon von einem, der »wie ein haariger Mantel« aussieht und den ganzen Tag mit seinem Jagdgerät durch die Gegend streift, denn anderes erwarten, als dass er das Essen, das er »verschlingen« will, einfach nach seiner Farbe benennt. Genau dieses »Rote« (*adom*) aber wird als Begründung für Esaus zweiten Namen Edom (»der Rote«) angegeben. Dieser Name passt nicht nur zu der Szene, in der er gegeben wird, sondern auch zur Geburtsgeschichte, in der der erstgeborene Esau als *admoni* (»rötlich«) beschrieben wurde (V. 25).

Bei den Hörern damals und den historisch kundigen Lesern heute weckt der Name Edom auch die Assoziation mit dem Volk der Edomiter. Das wiederum ist ein weiterer Hinweis auf die Erfüllung des Geburtsorakels aus V. 23: »Zwei Völker sind in deinem Mutterleib, und zwei Völker werden sich aus deinem Leibe scheiden«. Eines davon ist Edom.

Doch nun zurück zu unserer Szene. Jakob hat sich bis zu diesem Augenblick still verhalten. Man würde jetzt von ihm eine Reaktion auf Esaus Worte erwarten,

---

17 Vgl. B. Jacob, Das erste Buch der Tora. Genesis, Berlin 1934, 545.

irgendetwas, das zu dem Essen in Beziehung steht. Jakob aber verfolgt ein ganz anderes Ziel. Er sagt zu seinem Bruder: »Verkaufe mir heute deine Erstgeburt!« (V. 31b). Das ist ein geschickter Schachzug Jakobs. Im Moment ist Esau so sehr von seinem Hunger bestimmt, dass es nichts, aber auch gar nichts Wichtigeres für ihn gibt als Essen. Jakob nützt diese Situation aus, um sich des Erstgeburtsrechts auf einfache Weise zu bemächtigen.

Esau reagiert auf Jakobs Handelsvorschlag wie von diesem erwartet: »Siehe, ich werde sterben. Was soll mir da eine Erstgeburt?« (V. 32). Offiziellen Charakter gewinnt der Handel aber erst durch den Schwur, den Jakob seinem Bruder abverlangt (V. 33).[18]

Wie einfach Esau ein ihm zustehendes Recht verkauft, nur um sich endlich an dem Brot und dem »Roten«, das in V. 34 als Linsengericht identifiziert wird, gütlich zu tun. Dass dieses zum gegebenen Zeitpunkt sein einziges Interesse darstellt, zeigt auch die Kette von fünf aufeinander folgenden Verben in V. 34: »Und er aß und trank und machte sich auf und ging fort. Und Esau verschmähte die Erstgeburt.« Diese Narrativkette »malt den plumpen Gesellen, wie er sich den Mund wischend davontrappt und sich stellt, als wenn er sich aus der Erstgeburt nichts mache«.[19] Kein schlechtes Gewissen plagt ihn und auch kein Ärger steigt in ihm hoch, weil er sein Erstgeburtsrecht gegen einen roten Brei eingetauscht hat; auch kein Groll gegen Jakob, der den Bruder in seiner Notlage manipuliert und ausgenutzt hat.

---

18 Vgl. H. Gese, Jakob, der Betrüger?, in: Meilenstein. Festgabe für Herbert Donner zum 16. Februar 1995, hrsg. von M. Weippert und St. Timm, ÄAT 30, Wiesbaden 1995, 33–43, bes. 35.

19 B. Jacob, Genesis, 546.

So wie Esau in dieser Szene beschrieben wird, weckt er bei den Lesern unterschiedliche Gefühle. Auf der einen Seite kann man ihn verstehen und mit ihm mitfühlen. Man bedauert ihn wegen des unangemessen hohen Preises, den er für ein einfaches Essen zahlt. Auf der anderen Seite ist es aber fast schon unverständlich, mit welcher Leichtigkeit, ja sogar Gleichgültigkeit er sein Erstgeburtsrecht hergibt. Mit Empörung und Verachtung tritt der Leser Esau gegenüber. Wenn der Verlust des Erstgeburtsrechts ihm so wenig ausmacht, dann verdient er es auch nicht wirklich. Diese Szene unterstreicht nach der Meinung einiger Forscher in besonderer Weise, was sich schon aus dem Lebenswandel der beiden Brüder schließen lässt, dass nämlich der gesittete Zeltbewohner Jakob des Erstgeburtsrechts und später dann auch des Segens würdiger sei als der rohe, ungeschlachte Jäger Esau.[20]

Jakob befindet sich nun auf Grund seiner »Würdigkeit«, bestimmt aber auch auf Grund seines raffinierten Kalküls im Besitz des Erstgeburtsrechts. Er ist der strahlende Sieger dieser Episode. Was hat ihn aber dazu bewogen, dieses Erstgeburtsrecht unbedingt haben zu wollen?

Nach biblischem Gesetz (vgl. 5. Mose 21,15–17) ist der Erstgeborene kraft seiner Erstgeburt auch der Haupterbe des väterlichen Besitzes. Ihm steht im Verhältnis zu seinen Brüdern ein Mehranteil am Erbe zu. Das kann auch die besondere Sympathie des Vaters für einen jüngeren Sohn oder aber die Antipathie gegen den erstgeborenen nicht ändern. Etwas anders verhält es sich in den biblischen Erzähltexten. Da ist »alles im Fluß«.[21] Das Erstgeburtsrecht kann also ver-

20 Vgl. z. B. B. Jacob, Genesis, 546, 561; H. Gese, Jakob, 35.
21 M. Tsevat, »bekor«, 649.

Abb. 3: Gerbrandt van den Eeckhout: Isaac segnet Jacob

kauft und gekauft werden, wie es im Falle Esaus und Jakobs geschieht. Jakob kauft in 1. Mose 25,29 ff. den Erbanteil, der Esau als Erstgeborenem über das reguläre Erbe hinaus zusteht. Das wäre, wenn man die gesetzliche Bestimmung auf Jakob und Esau anwendet, ein Drittel des gesamten väterlichen Besitzes. Jakobs Gewinn ist also erheblich. Für Esau hingegen ist der Verlust »zwar empfindlich, aber nicht katastrophal«.[22] Wichtig ist noch, dass Jakob sich durch seinen Handel nur einen materiellen Vorteil sichert. Die Tatsache, dass Esau vor ihm geboren wurde und also der Erstgeborene bleibt, kann er dadurch nicht ändern.[23]

---

22 H. Utzschneider, Patrilinearität im alten Israel – eine Studie zur Familie und ihrer Religion, BN 56, 60–97, bes. 70.

23 Vgl. M. Tsevat, »bekor«, 648.

Kap. 26, das mit guten Gründen als sekundär im Zusammenhang der Gesamterzählung angesehen wird,[24] erfüllt an seiner jetzigen Stelle im Kontext die Aufgabe, Esaus Verhalten in der Episode mit dem Linsengericht zu rechtfertigen. Auf Grund der Hungersnot ist das Wild rarer und Esau also hungriger als sonst. Der Verkauf des Erstgeburtsrechts zu einem Spottpreis wird verständlich, wenn es ums nackte Überleben geht.

Nach diesem Intermezzo, das im Übrigen kaum Berührungspunkte mit dem Rest der Jakobsgeschichten aufweist, wird der Faden der Erzählhandlung mit einer Notiz über Esau wieder aufgegriffen. Er nimmt sich im Alter von 40 Jahren zwei Frauen, Hetiterinnen, Judit und Basmat (1. Mose 26,34). Zwar ahmt er dadurch, was sein Heiratsalter betrifft, vorbildlich seinen Vater nach, dem Rebekka zugeführt wurde, als er 40 Jahre alt war (1. Mose 25,20), aber anders als der Vater nimmt er gleich zwei Frauen und dazu noch Hetiterinnen, also fremde, keine aus der Familie. Es ist daher keineswegs erstaunlich, dass diese Frauen Isaak und Rebekka »Herzeleid« (wörtlich: »Bitterkeit des Geistes«) verursachen (1. Mose 26,35).

Man spürt als Leser schon aus dieser kleinen Notiz ein spannendes, konfliktträchtiges Knistern, das sich beim eigentlichen Einstieg in die nun folgende Episode verstärkt: »Und es geschah, dass Isaak alt wurde, und seine Augen ausdruckslos wurden vom Sehen« (1. Mose 27,1a). Normalerweise wird auf Grund dieser Information eine altersbedingte Sehschwäche Isaaks

---

24 Vgl. z. B. C. Westermann, Genesis. 2. Teilband: Genesis 12–36, BK: AT I/2, Neukirchen ^{2}1989, 515 f.; H. Seebass, Genesis II. Vätergeschichte II (23,1–38,43), Neukirchen 1999, 278 f.

angenommen. Er ist immerhin über 80 Jahre alt. Der hebräische Text lässt jedoch auch andere Interpretationsmöglichkeiten offen. Eine davon findet sich z. B. im Babylonischen Talmud. Nach Rabbi Jochanan ist es »verboten, die Gesichtsform eines Frevlers anzuschauen«. Nach Rabbi Eleasar sind Isaaks Augen stumpf geworden, »weil er nämlich auf den gottlosen Esav schaute«.[25]

Für Thomas Mann ist Isaaks Blindheit ein Nicht-sehen-Wollen dessen, was Esau, sein Erstgeborener, den er liebt, an Frevelhaftem treibt:

»Isaak [...] litt schwer unter dem, was er mit ansehen oder wovor er die Augen verschließen mußte, um es nicht zu sehen [...] Behaupten wir, Isaak sei ›blind‹ geworden, um den Götzendienst seiner Schwiegertöchter nicht zu sehen? Ach, der war das Geringste von all dem, was ihm das Sehen verleidete, was ihm die Blindheit wünschenswert machte – weil nur in ihr geschehen konnte, was zu geschehen hatte.

Denn je mehr die Knaben heranreiften [...] desto deutlicher wurde, wer beide waren, [...] der Rote und der Glatte, der Jäger und der Häusliche, – und wie hätte wohl Isaak, [...] wie hätte er wohl sehenden Auges an der Übereinkunft festzuhalten vermocht, er bevorzugte Esau? Darum nahmen seine Augen ab, wie der sterbende Mond, und er lag im Dunkeln, auf daß er betrogen werde samt Esau, seinem Ältesten.«[26]

---

25 Traktat Megillah 28a. Zitate nach: Der Babylonische Talmud. Nach der ersten zensurfreien Ausgabe unter Berücksichtigung der neueren Ausgaben und handschriftlichen Materials ins Deutsche übersetzt von Lazarus Goldschmidt, Bd. IV, Frankfurt a. M. 1996; 115.

26 Th. Mann, Joseph und seine Brüder. Der erste Roman: Die Geschichten Jaakobs, Frankfurt a. M. 1994, 195 f.

Trotz der unterschiedlichen Auslegungen dieser ersten Information, mit der der Erzähler in die neue Geschichte einführt, ist festzuhalten, dass Isaaks Blindheit, ob nun gewollt oder altersbedingt, eine der beiden Grundvoraussetzungen für die folgenden Ereignisse darstellt. Die zweite ist sein Alter und damit im Zusammenhang der bevorstehende Tod. Das verursacht eine gewisse Krise in der Familie. Ein außergewöhnliches Ereignis kündigt sich an. Der altersschwache und blinde Vater verspürt die Notwendigkeit, wichtige Angelegenheiten in der Familie zu klären. Er ruft Esau, »seinen großen Sohn« zu sich und legt ihm die Situation dar: »Siehe doch, ich bin alt geworden. Ich kenne den Tag meines Todes nicht« (1. Mose 27,2). Daraufhin erteilt er ihm einen Auftrag:

»Und nun, nimm doch deine Geräte, dein Wehrgehänge und deinen Bogen, und zieh hinaus aufs Feld und jage mir Wild. Und bereite mir dann Leckerbissen zu, wie ich sie liebe, und bring sie mir, damit ich esse, damit dich meine Seele segne, bevor ich sterbe« (V. 3 f.).

Der Segen bzw. die Weitergabe des Segens ist es also, was Isaak im Angesicht des Todes agieren lässt. Dies bleibt nicht eine Angelegenheit zwischen dem Vater und seinem Erstgeborenen, dem der Segen zugedacht ist, denn Rebekka hört, was sich zwischen Isaak und Esau abspielt (V. 5). Dieses Hören ist nicht als Folge des Nachspionierens zu verstehen, wenn die im Laufe der Zeit vermutlich wenig veränderte Struktur eines Nomadenzeltes bedacht wird, wo der Frauen- von dem Männerraum lediglich durch schulterhoch angebrachte Teppiche getrennt ist.[27] Rebekka konnte gar

27 Vgl. A. Nippa, Haus und Familie in arabischen Ländern. Vom Mittelalter bis zur Gegenwart, Darmstadt 1991, 95.

nicht anders als hinhören. Was sie hört, veranlasst sie zu sofortigem Handeln. Schließlich ist der Segen, dazu noch der Segen auf dem Sterbebett, eine unheimlich wichtige Angelegenheit,[28] zumal die Erfüllung des Geburtsorakels in Gefahr gerät. Eine Segnung Esaus würde mit der Aussage »der Ältere wird dem Jüngeren dienen« (25,23) nicht im Einklang stehen. Rebekka setzt »ihren Sohn« Jakob über das von ihr Gehörte in Kenntnis. Ihre Rede zerfällt in zwei Teile. Zunächst fasst sie Isaaks Worte an Esau zusammen: »Bring mir Wildbret und bereite mir Leckerbissen zu, damit ich esse und dich vor dem Herrn segne, bevor ich sterbe« (V. 7). Rebekka sagt nichts von Jagdgeräten. Die sind für den häuslichen Jakob irrelevant. Dafür bezeichnet sie den Segen, der erteilt werden soll, als Segen »vor dem Herrn«, was diesem eine besondere Gewichtung und göttliche Legitimation beimisst. Der zweite Teil von Rebekkas Rede an Jakob ist ein Auftrag: »Und nun, mein Sohn, höre auf meine Stimme, auf das, was ich dir befehle: Geh doch zum Kleinvieh und bring mir von dort zwei zarte Ziegenböcklein, damit ich sie als Leckerbissen für deinen Vater zubereite, wie er sie liebt. Und bring sie deinem Vater, damit er isst und dich vor seinem Tod segnet« (V. 8–10).

Hier schaltet sich Jakob ein und äußert Zweifel an der Durchführbarkeit des Planes seiner Mutter:

»Siehe, Esau, mein Bruder, ist ein behaarter Mann, ich aber bin glatt. Vielleicht wird mich mein Vater betasten, so dass

---

28 Auf Grund des Vergleichs mit ähnlichen Texten aus der altorientalischen Literatur bezeichnet E. A. Speiser, I Know Not the Day of My Death, JBL 74, 1955, 252–256, den Segen in 1. Mose 27 als rechtskräftiges »death-bed-statement« des sterbenden Patriarchen.

ich in seinen Augen wie ein Spottbild erscheine und dadurch Fluch und nicht Segen über mich bringe« (V. 11 f.).

So nahe liegen Segen und Fluch beieinander, dass die Nichtbeachtung kleiner Details das erstrebte Gut in sein Gegenteil umkehren könnte. Rebekka aber ist bereit, das Risiko einzugehen. Sie nimmt die eventuelle Verfluchung auf sich und mahnt Jakob zur Eile (V. 13). Sehr komprimiert und in einem unwahrscheinlich hohen Erzähltempo wird über die Entstehung der Leckerbissen berichtet, die Isaak aufgetischt werden sollen (V. 14). Ausführlicher ist der Bericht des Erzählers über Jakobs Verkleidung. In dieser Hinsicht hatte er ja auch seine Zweifel geäußert (V. 11). Die detailgetreue Darstellung der Verkleidungsphase soll Jakob jeder Verantwortung des nun Folgenden entbinden. Der geplante Betrug ist allein Rebekkas Initiative. Sie holt die Kleider »ihres großen Sohnes« Esau, die sie bei sich aufbewahrt, und zieht sie Jakob, »ihrem kleinen Sohn«, an (V. 15). Auch den Unterschied zwischen dem glatten Jakob und dem behaarten Esau weiß sie zu vermindern, indem sie die Felle der eben geschlachteten Ziegenböcklein Jakob um Arme und Hals bindet (V. 16). Dann gibt sie ihm die zubereiteten Leckerbissen und Brot in die Hand (V. 17).

So ausgestattet tritt Jakob bei Isaak ein und spricht ihn »mein Vater« an. Isaak seinerseits fragt: »Wer bist du, mein Sohn?« (V. 18). Der Leser spürt schon die sich aufbauende Spannung aus diesem ersten Wortwechsel. Jakob antwortet auf die Identitätsfrage ruhig: »Ich bin Esau, dein Erstgeborener. Ich habe getan, wie du mir gesagt hast. Auf doch, setz dich und iss von meinem Wildbret, damit mich deine Seele segne« (V. 19). Isaak gibt sich damit nicht ganz zufrieden. Er hatte Esaus Rückkehr offensichtlich nicht schon nach so kurzer Zeit erwartet. Also fragt er den vor ihm stehenden vermeintlichen Esau, warum er sich denn so beeilt habe. »Denn der Herr, dein Gott, ließ es vor mir geschehen« (V. 20), erhält er zur Antwort. In der Sicht der rabbinischen Ausleger sind diese Worte für Isaak ein Hinweis darauf, dass nicht Esau, sondern Jakob vor ihm steht. Diese Interpretation gründet auf der sehr genauen Beobachtung, dass Esau in der gesamten Erzählung niemals, auch später nicht, das Wort »Gott« oder »Herr« in den Mund nimmt. Einer, der so eine Antwort gibt, kann also nicht Esau sein.[29]

Da seine Augen getrübt sind, will Isaak sich durch Betasten über die wahre Identität seines Sohnes Gewissheit verschaffen (V. 21). Die Verkleidung erweist sich als so gut, dass sie sogar über Jakobs Stimme hinwegtäuscht. »Die Stimme ist Jakobs Stimme, aber die Hände sind Esaus Hände« (V. 22). So fasst Isaak das Ergebnis der Tastprüfung zusammen. Der Erzähler fügt kommentierend und jeden Zweifel ausräumend hinzu: »Und er erkannte ihn nicht, denn es waren seine Hände wie die Hände Esaus, seines Bruders: behaart. Und er segnete ihn« (V. 23).

Der letzte Satz bildet die Überleitung zur eigentlichen Segenshandlung,[30] die in V. 24–29 berichtet wird.[31] Diese beginnt in V. 24 mit der Frage nach der

---

29 So die Auslegung Rabbi Jochanans, vgl. A. Wünsche, Der Midrasch Bereschit Rabba. Das ist die haggadische Auslegung der Genesis, Leipzig 1881, 315f.

30 Vgl. C. Westermann, Genesis I/2, 535ff.

31 Manche Ausleger sehen V. 24ff. als Dublette zu V. 18–23 an und differenzieren verschiedene Erzählstränge, in denen jeweils nur die Kleider bzw. nur die Felle zur Verkleidung Jakobs dienen. Vgl. z. B. H. Gunkel, Genesis, 305ff. Zu Recht wird in neuerer Zeit allerdings die Einheitlichkeit der Erzählung verfochten, da Kleider und Felle nur zusammen eine vollständige Verkleidung des Hauptthelden ergeben; vgl. z. B.

Identität des zu Segnenden. Ohne zu zögern bestätigt Jakob, dass er Esau sei. Dann folgt die leibliche Stärkung des Segnenden. Dies scheint auf den ersten Blick überflüssig zu sein, ist aber ein konstitutives Element der Segenshandlung.

Das Wort »segnen« wird in 1. Mose 27 im Zusammenhang mit dem Wort *nefesch* gebraucht. Isaaks *nefesch* soll den Sohn segnen. Üblicherweise wird das hebräische Wort im Deutschen mit »Seele« wiedergegeben. Es bedeutet ursprünglich aber »Kehle«, das »Symbol des nach Leben lechzenden Menschen«.[32] *Nefesch* meint das Personsein, »das Leben schlechthin. Wo keine *nefesch* ist, da ist auch kein Leben.«[33] Mit *nefesch* segnen wäre also ein Akt der Übertragung all dessen, was das Leben ausmacht, der gesamten Lebensfreude und Vitalität des Segnenden an den zu Segnenden. Deshalb ist das Essen für den Segensakt so wichtig, das Stillen des Bedürfnisses der *nefesch* (»Kehle/Seele«).

Nachdem Isaak von dem vermeintlichen Wildbret gegessen und Wein dazu getrunken hat, die Kehle/Seele also gestärkt ist, fordert er seinen Sohn auf, sich zu nähern und ihn zu küssen (V. 26). Jakob kommt der Aufforderung nach. Dann nimmt Isaak den Geruch seiner Kleider genießerisch wahr und lässt sich davon für den Segensspruch inspirieren.[34] Dieser hat zwei Komponenten. Der erste Teil könnte als

E. Blum, Die Komposition der Vätergeschichte, WMANT 57, Neukirchen-Vluyn 1984, z. St.

32 Th. Staubli, Begleiter durch das Erste Testament, Düsseldorf 1997, 102.

33 Th. Staubli, Begleiter, 103.

34 So zu Recht B. Jacob, Genesis, 566, der sich gegen Ausleger wendet, die das Riechen ähnlich wie das Betasten in V. 21 f. als Identifizierungsprobe betrachten.

Anwünschen von Wohlstand und Fülle beschrieben werden:

»Siehe, der Geruch meines Sohnes ist wie der Geruch des Feldes, das der Herr gesegnet hat. Gott gebe dir vom Tau des Himmels und vom Fetten der Erde und eine Fülle von Getreide und Wein« (V. 27b–28).

Die Segensgaben sind landwirtschaftlicher Natur. Das mutet etwas merkwürdig an, wenn man bedenkt, dass Isaak meint, den Jäger Esau zu segnen. Es ist daher möglich anzunehmen, dass es sich um eine festgeprägte Segensformel handelt, die ohne Berücksichtigung des spezifischen Charakters oder des Berufs dessen, dem der Segen zugesprochen wird, rezitiert wird.[35] Vielleicht ist aber gerade dieser scheinbar unpassende Segen ein Hinweis darauf, dass Isaak weiß, wen er segnet, nämlich den häuslichen, eher landwirtschaftlich begabten Jakob. In der jüdischen Auslegung des Midrasch ist das eine gängige Interpretation.

Die zweite Komponente ist ein Herrschaftssegen:

»Völker sollen dir dienen, und Nationen dir huldigen. Sei ein Gebieter deiner Brüder, und dir sollen die Söhne deiner Mutter huldigen. Der dir Fluchende sei verflucht! Und der dich Segnende sei gesegnet!« (V. 29).

Es ist gewagt, was dem Jakob-Esau hier verheißen wird. Die Führungsposition in der Familie ist noch das Mindeste, was ihm zuteil werden soll. Völker sollen ihm dienen und ihm huldigen. Ist das, wie vermutlich im ersten Teil des Segens, formelhaft geprägte Sprache und daher nicht unbedingt wörtlich zu nehmen? Der Plural »Brüder« könnte ein Hinweis darauf sein. Hier wird einem von zwei Brüdern die Herrschaft über die

---

35 Vgl. C. Westermann, Genesis I/2, 537.

»Brüder« und die »Söhne seiner Mutter« verheißen. Das kann für unsere Geschichte so nicht stimmen.

Wenn aber der Segensspruch, wie wir das schon beim Orakelspruch in 1. Mose 25,23 vermutet haben, mehr als nur die Familiengeschichte im Blick hat? Es wird von Völkern und Nationen gesprochen. In diesem Fall wären auch die »Brüder« gerechtfertigt, da ein Volk ja aus einer Vielzahl von »Brüdern« zusammengesetzt ist.[36] Vielleicht wird die Erzählung in ihrem weiteren Verlauf mehr Informationen zur Entschlüsselung dieser besonderen Stelle geben. Vorerst ist festzuhalten, dass Jakob von seinem Vater gegen dessen erklärte Absicht mit einem sehr aussagekräftigen und folgenschweren Segen bedacht wird. Der letzte Satz steht wie ein magischer Schutzwall um den Gesegneten: Wer ihm mit Fluch entgegentritt, wird daran abprallen; wer Segen bringt, darf eintreten.

V. 30 leitet einen Wechsel ein. Der gesegnete Jakob tritt ab. Esau kommt von seiner Jagd. Davon, dass sein Bruder gesegnet wurde, weiß er nichts. Als wäre nichts geschehen, bereitet auch er Leckerbissen zu und bringt sie seinem Vater mit den Worten: »Es erhebe sich mein Vater und esse vom Wildbret seines Sohnes, damit mich deine Seele segne« (V. 31).

Das ist nun schon das zweite Mal, dass Isaak solche Worte hört. Es verwundert also nicht, dass er fragt: »Wer bist du?« Die Antwort: »Ich bin dein Sohn, dein Erstgeborener, Esau« (V. 32)[37] schockiert Isaak regel-

---

36 Vgl. dazu z. B. K. Berge, Die Zeit des Jahwisten. Ein Beitrag zur Datierung jahwistischer Vätertexte, BZAW 186, Berlin u. a. 1990, 132.

37 Es ist interessant zu beobachten, dass Esau sich auf die Frage seines Vaters zuerst als Sohn, dann als Erstgeborener und schließlich als Esau vorstellt (V. 32). Die Bewegung geht vom Allgemeinen zum Spezifischen hin. Jakob hatte sich in V. 19

recht. In der Erzählerrede wird seine Reaktion in einem eindrücklichen Wortspiel festgehalten. Dazu dient die so genannte *Figura etymologica*. Das ist das Vorkommen der gleichen Wortwurzel in zwei verschiedenen Formen. Dadurch wird die Aussage intensiviert. Hinzu kommt dann noch ein Ausdruck der extremen Steigerung *ad meod* (wörtlich: »bis sehr«). Die Übertragung ins Deutsche: »Und Isaak wurde von einem überaus großen Entsetzen ergriffen« (V. 33a) ist nur ein schwacher Abglanz dessen, was im hebräischen Text an emotionsgeladener Spannung zum Ausdruck gebracht wird.

Isaak weiß nun, dass er betrogen wurde, aber von wem? »Wer war es also, der Wild gejagt und mir gebracht hat, und ich habe gegessen, bevor du gekommen bist, und habe ihn gesegnet? Er wird auch gesegnet sein/bleiben« (V. 33b).

Ähnlich eindrücklich und unter Zuhilfenahme des gleichen Stilmittels wie im Falle von Isaaks Entsetzen (V. 33a) fällt der Kommentar des Erzählers über Esaus emotionalen Ausbruch aus: »Als Esau die Worte seines Vaters hörte, da stieß er einen überaus lauten und bitteren Schrei aus« (V. 34a). Esau erkennt, dass er hier im Begriff ist, etwas außerordentlich Wertvolles zu verlieren und versucht, durch sein Flehen doch noch etwas zu erreichen. »Segne mich, auch mich, mein Vater!« (V. 34b). Es ist der Schrei eines verzweifelten, resignierenden Esau. Isaak weiß darauf nur mit der Feststellung des Betrugs zu antworten: »Dein Bruder

---

zuerst als Esau, dann als Erstgeborener vorgestellt. Freilich war dort die Situation insofern anders, als Isaak in V. 19 seinen Sohn erwartete und nur sicher gehen wollte, dass es auch der richtige ist, während er in V. 32 niemanden mehr erwartet und wirklich wissen will, wer vor ihm steht.

ist mit Betrug gekommen und hat deinen Segen weggenommen« (V. 35).

Die Dramatik der Szene ist mit Händen zu greifen. Dass Betrug im Spiel ist, spricht nun auch Esau deutlich aus: »Zu Recht ist sein Name Jakob, denn er hat mich nun zweimal betrogen: Meine Erstgeburt hat er genommen, und siehe, nun hat er meinen Segen genommen« (V. 36). Das Wortspiel *bechora* (Erstgeburt) – *beracha* (Segen) steigert noch die Intensität der anschuldigenden Aussage. Esau leitet den Namen Jakob von *akab* (»betrügen«) ab und macht gleichzeitig eine Verbindung zur Episode des Handels um die Erstgeburt (1. Mose 25,29 ff.). In jener wie in der vorliegenden Angelegenheit betrachtet sich Esau als der Betrogene. Noch einmal fragt er flehend den Vater: »Hast du für mich denn keinen Segen zurückgehalten?« (V. 36 b). Isaak referiert in Prosaform den an Jakob ergangenen Segen, wobei er dessen Elemente in umgekehrter Reihenfolge wiedergibt (V. 37). Das ist insofern wichtig, als die Erwähnung des Herrschaftssegens an erster Stelle dessen eigentliche Bedeutung in besonderer Weise hervorhebt. Es geht vor allem um die Etablierung einer Herrschaftskonstellation in der Familie. Getreide und Wein, die Segensgaben, die den persönlichen Wohlstand betreffen, erscheinen in diesem Kontext fast nur als schmückendes Beiwerk. Jedenfalls hat Isaak den zuerst Gekommenen in seinem Segen mit allem bedacht. Das drückt auch seine eher rhetorische Frage an Esau aus: »Und für dich also, was kann ich tun, mein Sohn?« (V. 37 b). Ein drittes Mal fleht Esau: »Hast du nur einen Segen, mein Vater? Segne mich, auch mich, mein Vater!« (V. 38 a). Dann beginnt er zu weinen (V. 38 b). Angesichts der Dramatik, ja Tragik dieses bewegten und bewegenden Zwiegesprächs zwischen den beiden Betrogenen kann sich der Leser in Esaus verzweifelte Traurigkeit einfühlen. J. Calvin geht in seiner Auslegung zu dieser Erzählung sogar noch weiter. Er schreibt:

»[...] wenn man beider Brüder Benehmen vergleicht, so ist Esau der vorzüglichere. Er gehorcht dem Vater, bringt seine Beute, bereitet mit Sorgfalt seinem Vater selbst die Speise, ist gerade und aufrichtig in allem, kurz, durchaus lobenswert. Jakob ist zu Hause geblieben, hat kein Wildbret, sondern ein Böcklein gebracht, mit vielfältigen Lügen sich an seines Bruders Stelle geschoben. Er verdient in keiner Beziehung Lob, sondern vielfältigen Tadel.«[38]

Doch es geht in der Geschichte nicht nach den momentanen Gefühlen und dem Gerechtigkeitssinn des Lesers, sondern nach dem Ratschluss Gottes. Und der hat schon durch das Orakel sich auf den Ausgang der Geschichte festgelegt. Aber auch Esau geht nicht ganz leer aus, denn Isaak spricht – von Esau erfleht, vom Leser erwartet und für beide doch unverhofft – doch noch einen Segen:[39]

---

38 J. Calvin, Auslegung der Genesis. Übersetzt und bearbeitet von D. Wilhelm Golters (Kap. 1–43) und D. Matthias Simon (Kap. 44–50), Erster Bd. der Gesamtausgabe von Calvins Auslegung der Heiligen Schrift, Neue Reihe, 1956, Neukirchen, 290.

39 In der Forschung wird kontrovers diskutiert, ob V. 39f. eher ein Segen oder eher ein Fluch sei. Das Hauptargument ist in beiden Fällen das Wörtchen *min*, das unterschiedliche Bedeutungen annehmen kann. Die hier in Frage kommenden wären: eine privative Bedeutung des *min*: »ohne« (»ohne Fett der Erde...«) – das wäre ein Argument für den Fluch –, oder aber das *min* als Anzeigen des Ausgangspunktes einer Sache: »von ... her« (»vom Fetten der Erde her...«). Letzteres unterstützt die Annahme, dass hier tatsächlich ein Segen vorliegt, wie das z. B. I. Willi-Plein in ihrem Aufsatz »Genesis 27 als Rebekkageschichte. Zu einem historiographischen Kunstgriff

»Siehe, dein Wohnsitz wird vom Fetten der Erde her sein und vom Tau des Himmels von oben.
Und auf Grund deines Schwertes wirst du leben, aber deinem Bruder wirst du dienen.
Es wird aber geschehen: Wenn du dich bewegen wirst, so wirst du sein Joch von deinem Nacken abwerfen und zerbrechen« (V. 39f.).

Fett der Erde und Tau des Himmels sind Elemente, die schon im Jakobssegen vorgekommen waren und die nun auch seinem Bruder gegenüber erwähnt werden. Die Fülle von Getreide und Wein wird Esau aber nicht mehr verheißen. Dafür soll er auf Grund seines Schwertes leben. Wenn man es richtig bedenkt, passt dieser Wunsch zum Jäger Esau, der mit Waffen wohl umzugehen weiß. Man kann sogar sagen, dass dieser Spruch Esau eher angemessen ist als die ihm ursprünglich zugedachten Segensgaben Getreide und Wein, die doch bäuerliche, also die Jakob angemessene Lebensweise voraussetzen. Das heißt, was den Wohlstandswunsch betrifft, haben beide Brüder das ihnen Angemessene zugesprochen bekommen.

Schwieriger ist es mit dem Herrschaftssegen. Deutlich spricht Isaak aus, dass Esau seinem Bruder dienen wird, doch es wird nicht ein definitives und unumkehrbares Dienstverhältnis sein. Esau wird das Joch abschütteln können. Auch aus diesen wenigen Worten ahnt man, dass hier mehr als das Geschick einer einzelnen Familie im Blick ist. Die Konkretisierung dieser Ahnung erfolgt schrittweise mit fortschreitender Lektüre, ihre Entschlüsselung können wir erst am Ende des Leseprozesses vornehmen.

---

der biblischen Vätergeschichten«, ThZ 45, 1989, bes. 320ff., überzeugend dargelegt hat.

Das Ereignis der Segnung ist mit Isaaks Spruch über Esau eigentlich abgeschlossen. Doch ein solches Ereignis, bei dem es um die Festlegung der zukünftigen Herrschaftsverhältnisse in der Familie geht, ein Ereignis mit Betrügern und Betrogenen, verlangt eine Nachgeschichte. Zwar sind nun beide Brüder gesegnet, aber es ist für Esau nicht ganz verkraftbar, dass er des Zuspruchs der Familienherrschaft verlustig gegangen ist. Wegen dieses Segens feindet Esau seinen Bruder an. Er hat einen Plan. »Es werden sich die Tage der Trauer um meinen Vater nahen, dann will ich meinen Bruder Jakob töten« (V. 41b). Diese Worte spricht Esau *belibo*, was so viel bedeutet wie »er dachte bei sich«.

Hier kommt Rebekka wieder ins Spiel. Ihr wird mitgeteilt, was »ihr großer Sohn« Esau vorhat (V. 42a). Wie kann das aber geschehen, wenn Esau seinen Racheplan, wie eben festgehalten wurde, gar nicht laut ausgesprochen hat? Die Vorstellungskraft des Lesers ist gefragt. Vielleicht hat Esau seinen Plan jemandem mitgeteilt, der das Geheimnis nicht für sich behalten konnte. Vielleicht aber kann aus seinem gesamten Verhalten geschlossen werden, dass er Unheilvolles im Schilde führt. Oder aber es gilt die Interpretation des Rabbi Chaggi über die Hellsichtigkeit Rebekkas: »Die Mütter [...] waren Prophetinnen und Rebecca gehörte zu den Müttern.«[40] Wie dem auch sei, Rebekka erfährt, wenn sie es nicht schon längst in prophetischer Weise vorausgesehen hat, dass Jakob in Gefahr ist. Sie handelt genauso prompt wie zu Beginn der Segensepisode, als Jakob in der Gefahr gestanden hatte, ohne Segen zu bleiben. Ihre Worte an Jakob sind in beiden Situationen vom Aufbau und der Struktur her sehr ähnlich. Zuerst kommt die knappe Darstel-

---

40 A. Wünsche, Bereschit Rabba, 325.

lung der Lage: »Siehe, Esau, dein Bruder, tröstet sich damit, dich zu töten« (V. 42b). Was für eine gewaltige Aussage für die Ohren heutiger Leser! Trost wird mit Aggression assoziiert. Jakobs Tod hätte die Funktion, Esau über den Verlust des Herrschaftssegens zu trösten![41] Esau wird als jemand dargestellt, der nicht einfach aus Rache zu töten gedenkt, sondern dabei noch Trost und Genugtuung empfindet. Das lässt Esau besonders gefährlich erscheinen und motiviert Rebekkas nun folgende Aufforderung zur Flucht:

»Und nun, mein Sohn, höre auf meine Stimme! Mach dich auf, flieh zu meinem Bruder Laban nach Haran und bleibe bei ihm einige Tage, bis der Zorn deines Bruders sich gewendet haben wird, und der Grimm deines Bruders sich von dir abkehrt, und er vergisst, was du ihm getan hast. Dann werde ich nach dir schicken und dich von dort holen lassen. Warum soll ich euch beide an einem Tag verlieren?« (V. 43–45).

Viel Information und auch eine Menge Emotionen sind in dieser Rede Rebekkas enthalten. Jakobs Flucht zu Laban und sein Aufenthalt dort, für den Rebekka »einige Tage« veranschlagt, bis sich die Lage etwas beruhigt, scheint in der gegebenen Situation ein vernünftiger Vorschlag zu sein.

Dennoch hat die Sache einen Haken. Zwischen Beerscheba – das auf Grund von 1. Mose 26 als Wohnort der Familie Isaaks angenommen werden kann – und Haran liegt eine beträchtliche Entfernung (über 700 km Luftlinie, auf den antiken Straßen sicher mehr),[42] die für damalige Reiseverhältnisse einige Zeit in Anspruch

41 Vgl. zur Bedeutung von *nicham* (»trösten«) H. Simian-Yofre, Art. »nhm«, in: ThWAT V, 1986, 366–384, bes. 376.

42 Angabe nach Accordance Bible Atlas, Oak Tree Software, Inc., Altamonte Springs, FL/USA, 2004.

genommen haben mag. Nimmt man eine so weite Reise auf sich, um nach »einigen Tagen« wieder zurückzukehren? Das scheint nicht besonders glaubwürdig zu sein.[43] Dadurch, dass Rebekka ihrem Sohn mit Nachdruck einschärft, bei Laban zu bleiben, bis Esaus Zorn sich gelegt und er alles vergessen haben wird, und nicht eher von dort wegzugehen als bis sie ihn holen lässt, wird die Bedeutung der Wendung »einige Tage« relativiert. In diesem Zusammenhang ist eher an »auf unbestimmte Zeit« zu denken. Darüber hinaus hat die Formulierung innerhalb der Gesamterzählung noch eine besondere Funktion, auf die zum gegebenen Zeitpunkt zurückgekommen werden wird.

Interessant ist ein Detail in Rebekkas Rede. Esau soll vergessen, »was du (Jakob) ihm getan hast«. Rebekka scheint hier Jakob den gesamten Betrug in die Schuhe zu schieben. Freilich war es Jakob, der sich als Esau vor seinen Vater gestellt hatte, aber ist es nicht Rebekkas Plan gewesen, für dessen Ausführung und Gelingen sie die gesamte Verantwortung übernommen hatte? Sogar eine mögliche Verfluchung Jakobs wollte sie auf sich nehmen. Das Problem löst sich, wenn man annimmt, dass Rebekka die Perspektive Isaaks und Esaus, die beide Jakob als Betrüger bezeichnet hatten (vgl. V. 35f.), übernimmt. Man kann deshalb nicht davon sprechen, dass nun auch Rebekka sich gegen ihren Sohn wendet, denn sie ist es ja, die seine Flucht in die Wege leitet. Sie ist sich ihrer Verantwortung voll bewusst, ohne aber zu leugnen, dass Jakob seinem Bruder Unrecht angetan hat. Jakob hat den Betrug ausgeführt. Rebekka hatte ihn organisiert. Dem entspricht nun, dass Rebekka die Flucht organisiert und Jakob sie vollzieht.

---

43 So auch B. Jacob, Genesis, 572.

Rebekkas letzte eher rhetorische Frage »Warum soll ich euch beide an einem Tag verlieren?« (V. 45b) »verrät […], daß ihr auch Esau am Herzen liegt«.[44] Würde Jakob nicht fliehen, so würde Esau vielleicht seinen Racheplan ausführen und müsste nach der Ermordung des Bruders selbst die Flucht ergreifen. Jakob muss also fliehen, um die Mutter nicht beider Söhne auf einen Schlag zu berauben.[45]

Zu erwarten wäre, dass Jakob nun entweder zu Rebekkas Worten Stellung nimmt oder sich, ihre Worte befolgend, auf den Weg macht. Keines von beidem geschieht. Stattdessen überschreitet Rebekka die in der Erzählung so deutlich gewordene Grenzlinie zwischen dem Isaak-Esau- und dem Rebekka-Jakob-Lager. Sie spricht Isaak an: »Mir ekelt vor meinem Leben wegen der Töchter Hets; wenn Jakob eine Frau von den Töchtern Hets nimmt wie diese, was soll mir das Leben?« (V. 46). Hier wird eine Brücke zu der Notiz über Esaus hetitische Frauen (1. Mose 26,34f.) geschlagen. Der Ausdruck »wie diese« in V. 46 knüpft auch direkt an diese Notiz an. Es entsteht auf diese Weise ein Rahmen um das in 1. Mose 27 Erzählte mit einer völlig anderen Thematik. Diese wird in 28,1–9 weiter entfaltet. Dabei ist eine gewisse Korrektur des in Kap. 27 Geschehenen festzustellen. Isaak greift Re-

---

44 B. Jacob, Genesis, 572.

45 Ähnliches geschieht in 1. Mose 4 und 2. Sam 14. Nach dem Brudermord besteht die Gefahr, dass die Mutter beide Söhne verliert: den ersten durch den Mord, den zweiten aber auf Grund der Blutrache. In beiden Fällen geschieht es aber nicht. Der Brudermörder Kain wird von Gott durch ein Zeichen geschützt. Die weise Frau aus Tekoa stellt in ihrer Gleichnisrede, die sich eigentlich auf Absalom und seinen Mord an Amnon bezieht, den verbliebenen Sohn unter den Schutz des Königs.

bekkas Anliegen auf und legt Jakob nahe, nach Mesopotamien zu gehen und eine Frau aus der Verwandtschaft zu nehmen. Dazu segnet er ihn, diesmal wissentlich:

»Der allmächtige Gott segne dich und mache dich fruchtbar und mehre dich, damit du zu einer Gemeinschaft von Völkern werdest. Und er gebe dir den Segen Abrahams, dir und deinen Nachkommen, zu deinem Erbteil das Land deines Wohnsitzes, das Gott dem Abraham gegeben hatte« (28,3 f.).

Es werden Aspekte des Segens zur Sprache gebracht, die zwar in der Abrahamgeschichte begegneten, die aber in den Segenssprüchen in Kapitel 27 nicht thematisiert wurden: Land und Nachkommen. Nun ist Jakob wirklich mit allem gesegnet und kann sich auf die lange Reise begeben. Dieser zweite Segen Isaaks an Jakob mutet auch wie eine Bestätigung des Segens in 1. Mose 27 an, den Isaak ja unwissentlich und gegen seinen Willen Jakob gespendet hatte.

Esau weiß von dieser Segnung. Der Leser befürchtet vielleicht, Esau könne auch diesen Segen als einen Verlust für sich selbst betrachten und darüber in Zorn geraten. Doch das geschieht nicht. Vielmehr hört er die Mahnung seines Vaters an Jakob, keine Frau zu nehmen, die nicht zur Verwandtschaft gehört (28,6). Er nimmt auch zur Kenntnis, dass Jakob seinen Eltern gehorcht (V. 7). Esau erkennt, dass »die Töchter Kanaans« in den Augen seines Vaters schlecht sind (V. 8). Er sieht also ein, dass seine beiden hetitischen Frauen nicht die richtige Wahl waren und versucht, den Fehler wiedergutzumachen. Er geht zu Ismael, dem Bruder seines Vaters, und nimmt dessen Tochter Mahalat zu seinen Frauen dazu (V. 9).

Wird die Erzählung 1. Mose 27 für sich betrachtet,

ist nicht zu leugnen, dass es um den Segen geht (das Wort »segnen« kommt 23 Mal vor), hauptsächlich um den Herrschaftssegen. Klar wird auch, dass Betrug im Spiel ist. Werden die Rahmenteile 1. Mose 26,34f. und 27,46–28,9 mitgelesen, erhält die Erzählung eine andere Nuancierung. Freilich wird auch hier ein Segen gesprochen, aber er steht nicht im Mittelpunkt. Die ausschließliche Thematik des Rahmens ist die Ehe mit der richtigen Frau, nämlich mit einer aus der Familie. Dieses ist, historisch gesehen, ein relativ spätes Thema, das im Zusammenhang der exilisch-nachexilischen Erfahrung des Gottesvolkes auftaucht. Das gilt in der Forschung als ein gewichtiges Argument dafür, 1. Mose 26,34f.; 27,46–28,9 der späten Priesterschrift zuzuordnen.[46] Der Rahmen hat auch eine deutende Funktion im Hinblick auf die Erzählung vom Segensbetrug. Jakob wird nicht als Betrüger angesehen und muss sich nicht auf die Flucht begeben. Isaak segnet nun auch wissentlich den »Richtigen«. Esau erkennt, dass seine Ehefrauen nicht die richtigen sind und nimmt noch eine aus der Familie dazu. Abgesehen davon erkennt er Jakobs Gehorsam gegenüber den Eltern an und hegt keinerlei Groll gegen ihn. Selbst Rebekka, die den Segensbetrug initiiert und zu seiner

46 Vgl. z. B. H. Seebass, Genesis II., 306. Vgl. auch A. de Pury, Der priesterschriftliche Umgang mit der Jakobsgeschichte, in: Schriftauslegung in der Schrift. Festschrift für Odil Hannes Steck zu seinem 65. Geburtstag, hrsg. von R. G. Kratz, Th. Krüger, K. Schmid, BZAW 300, Berlin / New York 2000, 33–60, bes. 55f. A. de Pury definiert auch näher, was nach der Priesterschrift die Ehe mit der »richtigen« Frau ist, nämlich die Ehe mit einer »Frau aus dem Abrahamskreis« (55). S. E. sind nach der Priesterschrift Esaus Ehen mit den Hetiterinnen deshalb abzulehnen, weil Hetiter wegen der fehlenden Beschneidung nicht als Mitglieder des Abrahamsbundes gelten (55f.).

Durchführung wesentlich beiträgt, wird nicht als Protektorin des Betrügers dargestellt, dem sie zur Flucht verhelfen will. Sie ist die ehrlich darum besorgte Mutter, ihren Sohn gemäß den Ansprüchen der Familie zu verheiraten.

Die Familie scheint nach außen hin ein recht einträchtig-sittsames Bild von sich abgeben zu wollen, obwohl Betrug und Mordgedanken im Mittelpunkt stehen können. All das ändert aber nichts an der Tatsache, dass Jakob die ihm zugesprochene Herrschaft über seine »Brüder« einstweilen nicht ausüben kann, da ihn seine Flucht bzw. Brautwerbungsfahrt erst einmal außerhalb seines Herrschaftsbereichs führt.

Abb. 4: Marc Chagall: Jakobs Traum von der Himmelsleiter

2.1.4 Die »Himmelsleiter« in Bet-El (1. Mose 28,10–22)

»Und Jakob zog aus von Beerscheba und ging nach Haran« (28,10). So beginnt eine der bekanntesten und vor allem in künstlerischen Darstellungen oft bearbeiteten Episoden der Geschichte Jakobs. Durch die Ortsangabe Haran wird eher eine Verbindung zu 1. Mose 27,43 geschaffen als zu 27,46–28,9,[47] wo von Paddan-Aram die Rede war (28,2.5.6.7). Diese Beobachtung weist das Rahmenstück 27,46–28,9, abgesehen von den schon im vorigen Abschnitt genannten Argumenten, als solches aus, nämlich als aus anderem Material bestehend als das davon gerahmte »Bild« vom Segensbetrug.

Durch die Anknüpfung an 27,43 wird für 28,10 ff. die Situation der Flucht Jakobs vorausgesetzt. Der Flüchtling trifft bei Sonnenuntergang »auf den Ort«. Er nimmt einen von den Steinen des »Ortes« und legt ihn sich »zu seinem Haupt« zurecht. Dann legt er sich nieder »an jenem Ort« (V. 11). Die dreimalige Erwähnung des Ortes in der Erzählerrede deutet auf seine Besonderheit hin.[48] Das hebräische Wort *makom* kann irgendeinen Ort bezeichnen, aber auch einen abgesonderten, heiligen Ort, einen Ort der Gottesbegegnung.[49] Als solcher wird er sich in der vorliegenden Episode erweisen. Jakob selbst aber weiß noch nichts davon. Mit einem ersten »siehe« (V. 12) wird Jakobs Traum von der »Himmelsleiter« eingeführt. Was ist diese »Leiter«? Das Wort *sulam*, das nur an dieser Stelle im Alten Testament vorkommt, leitet sich von

---

47 So mit C. Westermann, Genesis I/2, 552 gegen B. Jacob, Genesis, z. St.

48 Vgl. B. Jacob, Genesis, 579.

49 J. Gamberoni, Art. »makom«, in: ThWAT IV, 1113–1124.

der Wortwurzel *sll* her, deren Bedeutung »Straße aufschütten, anlegen« oder »aufhäufen« ist.[50] Also ist es keine Leiter, von der Jakob träumt, sondern eher ein aufgeschütteter Weg, eine Rampe, vielleicht ein Stufenturm[51] oder viel einfacher »die Böschung einer Höhe, auf der Jakob sich befindet«.[52] Nach M. Oblath handelt es sich bei *sulam* um ein altorientalisches Tor, zumal Jakobs Ausruf in V. 17b: »Dies ist nichts anderes als das Haus Gottes und dies ist das Tor des Himmels« auf die Traumvision bezogen wird.[53] Dieses noch nicht mit Sicherheit zu identifizierende Gebilde, dessen »Kopf« bis zum Himmel reicht (V. 12a), ist von oben her erdwärts gerichtet. Die Verbindung zwischen Himmel und Erde ist nicht wie in 1. Mose 11,4 (C. Houtman nennt 1. Mose 28,10 ff. eine »Kontrastparallele« zum babylonischen Turmbau) ein von Menschen errichteter Turm, dessen »Haupt im Himmel« ist.[54] Die Initiative, die Erde mit dem Himmel zu verbinden, geht in dieser Geschichte nicht vom Menschen, sondern von Gott aus. Auf die Besonderheit der himmlisch-irdischen Nahtstelle wird durch einen neuen Ausruf des Erzählers hingewiesen, durch den

---

50 HAL, 715.

51 Ähnlich dem babylonischen Tempelturm, der in der Vorstellungswelt der antiken Menschen als Verbindungsweg zwischen Himmel und Erde diente. Vgl. C. Westermann, Genesis I/2, 553, dort auch weitere Literatur.

52 C. Houtman, Der Himmel im Alten Testament. Israels Weltbild und Weltanschauung, Oudtestamentische Studien XXX, Leiden / New York / Köln 1993, 359.

53 M. Oblath, To Sleep, Perchance to Dream ...: What Jacob Saw at Bethel (Genesis 28.10–22), JSOT 95, 2001, 117–126. S. E. könnte es sich bei dem im AT einzigartigen Wort *sulam* um eine Verschreibung von *ulam*, was »Torkammer« bedeutet, handeln.

54 C. Houtman, Himmel, 360.

der Leser direkt angesprochen und in das Geschehen mit hineingenommen wird: »Und siehe, Engel Gottes steigen darauf auf und ab« (V. 12b).

Ein drittes »siehe« als Aufforderung an den Leser, am Traumgeschehen zu partizipieren, führt nach der »Leiter« und den auf- und absteigenden Gottesboten nun – sozusagen als Superlativ – Gott in die Szene ein: »Und siehe, der Herr stand darauf« (V. 13a). Die nächtliche Traumvision, die sich bis zu diesem Punkt wie ein Stummfilm abgespielt hat, wird nun durch eine Gottesrede bereichert. Anders als in der Geschichte vom Turmbau zu Babel, wo Gott beschlossen hatte, dem ruhmsüchtigen Bestreben der Menschen durch Zerstreuung und Sprachenverwirrung ein Ende zu setzen (1. Mose 11,7f.), zeigt er sich hier dem schlafenden Flüchtling von seiner freundlichen Seite:

»Ich bin der Herr, der Gott deines Vaters Abraham und der Gott Isaaks. Das Land, darauf du liegst, werde ich dir und deinen Nachkommen geben. Und deine Nachkommen werden wie der Staub der Erde sein. Du sollst dich ausbreiten nach Westen, Osten, Norden und Süden, und in dir und in deinen Nachkommen sollen alle Sippschaften der Erde gesegnet sein. Und siehe, ich bin mit dir und will dich bewahren, wo immer du hingehst, und ich will dich zurückbringen in dieses Land, denn ich werde dich nicht verlassen, bis ich verwirklicht habe, was ich zu dir geredet habe« (V. 13b–15).

Was kann einem Wanderer auf der Flucht Großartigeres geschehen als eine solche Gottesrede? Bezeichnenderweise ist es die erste Wortmeldung Gottes in der Jakobsgeschichte seit dem Geburtsorakel in 25,23 (ausgenommen wird hier seine Erscheinung in dem Isaak-Zwischenspiel in Kapitel 26, da dieses nicht zur Jakobsgeschichte im strengen Sinn gehört). In

1. Mose 27 kam er als Handelnder nicht vor. Beim Segensbetrug hat er nicht mitgemacht. Da hatten Rebekka und Jakob ihre Hände im Spiel. Auch über Esaus Racheplan gibt es keinen göttlichen Kommentar. Aber jetzt, wo der orakelgemäß, doch gegen den Willen seines Vaters mit dem Herrschaftssegen versehene Jakob in Gefahr und auf sich allein gestellt ist, erscheint ihm Gott. Er verheißt Jakob nicht nur Land und zahlreiche Nachkommenschaft, wie ihm das von Isaak schon vor der Reise angewünscht wurde (28,3f.), sondern auch – und das ist für den Flüchtling Jakob von großer Wichtigkeit – sein Geleit und seinen Schutz. Gott will Jakob nicht verlassen, er will ihn vielmehr in dieses Land zurückbringen, um seine Verheißungen an ihm zu erfüllen.

Dieser wunderbare Traum lässt Jakob aus seinem Schlaf aufschrecken. Seine Worte: »Wahrlich, der Herr ist an diesem Ort, aber ich wusste es nicht« (V. 16) bringen die Erkenntnis zum Ausdruck, dass der Ort ein besonderer ist, ein Ort der Gottespräsenz. Jakob erläutert seine Erkenntnis noch: »Wie furchtbar ist dieser Ort! Dies ist nichts anderes als das Haus Gottes, und dies ist das Tor des Himmels« (V. 17b).

Am Morgen würdigt Jakob den Ort bzw. sein nächtliches Erlebnis auf besondere Weise. Er richtet den Stein, den er sich am Abend zurechtgelegt hatte, als Mazzebe (Malstein) auf und salbt ihn mit Öl (V. 18). In der Mazzebe finden sich, so zu Recht J. P. Fokkelman, wichtige Elemente der Erzählung wieder. In dem Wort *mazzeba* selbst widerspiegelt sich die Traumoffenbarung von der »erdwärts aufgestellten« (*muzzab*) »Leiter«, auf der sich der Herr »aufrichtete« (*nizzab*). Auch die Tatsache, dass Jakob auf das »Haupt« der Mazzebe Öl gießt (V. 18b), ist eine symbolische Erinnerung an die Konstruktion aus der Traumvision,

Abb. 5: Rembrandt Harmensz van Rijn: Jakobs Traum

deren »Haupt« bis zum Himmel reichte (V. 12).[55] Eine weitere wichtige Beobachtung macht J. P. Fokkelman im Zusammenhang mit der Benennung des Ortes. Jakob nennt »jenen Ort«, dessen Name früher Lus war, Bet-El (»Haus Gottes«; V. 19), entsprechend der ihm zuteil gewordenen Traumoffenbarung. Als Ironie sei es zu werten, dass der Ort, auf den Jakob trifft, bis zu diesem Punkt der Erzählung nur als anonymer »Ort«

55 J. P. Fokkelman, Narrative Art in Genesis. Specimens of Stylistic and Structural Analyses, Assen/Amsterdam 1975, 66 f.

erscheint. Selbst in V. 19 wird erst nach vollzogener Namengebung durch Jakob wie beiläufig erwähnt, dass Lus der ehemalige Name dieser Ortschaft gewesen sei. Diese Art des erzählerischen Umgangs mit dem kanaanäischen (Kult-)Ort könne als religiöse Polemik gegen die kanaanäische Religion verstanden werden.[56] Aus dem heidnischen Lus wird Bet-El, das Haus des Gottes Abrahams, Isaaks und, wie wir gleich sehen werden, auch Jakobs.

Zum Schluss legt Jakob ein Gelübde ab:

»Wenn Gott mit mir sein wird und mich behüten wird auf diesem Weg, den ich gehe, und mir Brot zum Essen und Kleidung zum Anziehen geben wird, und wenn ich in Frieden zum Haus meines Vaters zurückkehren werde, dann soll der Herr mein Gott sein. Und dieser Stein, den ich als Mazzebe aufgerichtet habe, soll ein Haus Gottes sein. Und alles, was du mir geben wirst, werde ich bestimmt verzehnten« (V. 20b–22).

Das Gelübde entspricht im Aufbau und in den Aussagen genau einem Teil der Gottesrede (V. 15).[57] Dabei werden die etwas allgemeiner gehaltenen Worte Gottes im Gelübde Jakobs präzisiert. Das »Mitsein« erscheint in der Gottesrede als Nominalsatz, also als verbloser Satz. Es ist eine Zustandsaussage. Im Gelübde hingegen heißt es: »wenn Gott mit mir sein wird« (V. 20b), was sich auf das bezieht, was dem Flüchtling Jakob in der Zukunft bevorsteht. Auch Gottes Schutzzusage aus

---

56 J. P. Fokkelman, Narrative Art in Genesis, 68f.

57 Vgl. dazu die Ausführungen von M. Rose, Genèse 28,10–22: L'exégèse doit muer en herméneutique théologique, in: J. D. Macchi / Th. Römer (Hrsg.), Jacob. Commentaire à plusieurs voix de / Ein mehrstimmiger Kommentar zu / A Plural Commentary of Gen. 25–36. Mélanges offerts à Albert de Pury, Genf 2001, 77–86; 83f.

V. 15 erweitert Jakob entsprechend seiner augenblicklichen Situation um »Brot zum Essen und Kleidung zum Anziehen« (V. 20). Zur Verheißung der Rückkehr in das Land fügt Jakob noch »in Frieden« hinzu, was wiederum seiner Situation entspricht, da er ja (wenn man den Rahmentext 27,46–28,9 ausklammert) gerade nicht in Frieden von zu Hause weggegangen ist. In diesem Sinne ist Jakobs Gelübde als Antwort auf die göttliche Verheißung anzusehen.[58]

Jakob akzeptiert in dieser allerersten ihm zuteil gewordenen Gottesoffenbarung den ihm erschienenen Herrn als seinen Gott (V. 21b). Er wird dadurch in die Reihe der Väter Abraham und Isaak aufgenommen, als deren Gott der Herr bei ihm vorstellig geworden ist (V. 13a).[59]

Was ist aber die Bedeutung des Steines, den Jakob als Mazzebe aufrichtet und mit Öl salbt? Nach B. Jacob ist die Mazzebe nichts anderes als eine sichtbare Form des Gelübdes, eine Art Zeugnis dafür, dass Jakob sein Versprechen einzulösen gedenkt.[60] Was aber bedeutet der Zehnte, den Jakob zu geben verspricht? Nach H. Seebass kann es sich nur um eine einmalige Votivgabe handeln, da Jakob die landwirtschaftlichen Erzeugnisse, von denen der regelmäßige Zehnte erhoben wurde (Korn, Wein und Öl; vgl. z. B. Dtn 14,22 f.;

58 Paradoxerweise sind diese Übereinstimmungen in der Forschung oft als Argument für literarkritische Operationen am Text gewertet worden. Da im Gelübde Aussagen der Gottesverheißung wiederholt werden, könne man daraus schließen, dass die beiden Textstücke unabhängig voneinander entstanden seien. So jüngst A. Graupner, Der Elohist. Gegenwart und Wirksamkeit des transzendenten Gottes in der Geschichte, WMANT 97, Neukirchen 2002, 230.

59 Vgl. B. Jacob, Genesis, 584.

60 B. Jacob, Genesis, 582; vgl. auch A. Pagolu, Religion, 170.

26,12 u. a.), gar nicht produzierte.[61] Im biblischen Text heißt es allerdings, dass Jakob den Zehnten »von allem, was du (Gott) mir geben wirst« verspricht. Als Flüchtling verfügt Jakob ja über gar nichts, was er verzehnten könnte, weder als regelmäßige noch als einmalige Abgabe. Aber darum geht es m. E. nicht. Eher scheint mir die in der Forschung oft vertretene Meinung plausibel zu sein, dass hier ein am Heiligtum üblicher Brauch auf den Ahnvater zurückgeführt und ihm dadurch größeres Gewicht verliehen wird. Strikt auf der Ebene der Erzählung aber ist der Zehnte neben der Mazzebe als einmaliges Zeugnis für das neu entstandene Gottesverhältnis Jakobs das Zeichen für das Fortbestehen bzw. das sich ständige Erneuern dieses Verhältnisses.[62]

An diese Geschichte sind im Laufe ihrer Erforschung viele Fragen gestellt worden. Die Literarkritiker interessiert die Zuweisung zu den unterschiedlichen biblischen Quellenschriften.[63] Traditionsgeschichtler wollen einer alten kanaanäischen Kultsage auf die Spur kommen.[64] Die Vielfalt von Fragen und die unterschiedlichen Perspektiven, die dieser Text zulässt, haben 1. Mose 28,10 ff. zum Paradebeispiel für die Anwendung historisch-kritischer Methoden werden lassen.[65]

---

61 H. Seebass, Genesis II, 320 f.

62 So B. Jacob, Genesis, 584.

63 Vgl. A. Graupner, Elohist, 236 ff.

64 Vgl. V. Maag, Zum Hieros Logos von Bethel, in: Ders., Kultur, Kulturkontakt und Religion. Gesammelte Studien zur allgemeinen und alttestamentlichen Religionsgeschichte. Zum 70. Geburtstag hrsg. von H. H. Schmid und O. H. Steck, Göttingen/Zürich 1980, 29–37.

65 O. H. Steck, Exegese des Alten Testaments. Leitfaden der Methodik. Ein Arbeitsbuch für Proseminare, Seminare und Vor-

Die Entstehungsgeschichte dieses Textes ist noch lange nicht endgültig geklärt. Es ist also sicherer, bei der heutigen Fassung der Erzählung zu bleiben. Welche Bedeutung kommt ihr innerhalb des Gesamtkomplexes der Jakobserzählungen zu?

Es wurde schon erwähnt, dass 28,10ff. in der Jakobsgeschichte nach dem Geburtsorakel (25,23) die erste Gotteserscheinung ist. Dadurch dass Gott dem gesegneten Flüchtling Jakob erscheint und ihm sein Geleit verheißt, wird der Segen von 1. Mose 27 göttlich legitimiert. Beim Segensbetrug hatte Gott seine Hand nicht im Spiel, aber die Tatsache, dass Jakob vor seinem Bruder mit dem Herrschaftssegen bedacht wurde, wird von göttlicher Seite nicht angefochten. Zudem stellt sich Jakob durch sein Gelübde in die Reihe derer, die den Herrn als ihren Gott ansehen und wird dadurch nach Abraham und Isaak als die dritte Gestalt ausgewiesen, die eine besondere Beziehung zu diesem Gott charakterisiert.

Wichtig ist auch, dass es Jakobs erste Gottesoffenbarung ist. Sie ereignet sich zu einem Zeitpunkt im Leben des Hauptthelden, in dem für das bevorstehende Ungewisse göttlicher Zuspruch brauchbar ist. Der Flüchtling wird für seine weite Reise und die Begegnung mit einer ihm fremden Welt und mit ihm verwandten, aber unbekannten Menschen gestärkt.

Unleugbar ist die Bedeutsamkeit der religionsgeschichtlichen Komponente dieser Erzählung. Auf der Endstufe des Textes kommt Jakob als erste biblische Gestalt an diesen Ort. Ihm wird die Umbenen-

---

lesungen, Neukirchen-Vluyn [13]1993, 177ff., nimmt 1. Mose 28,10ff. als Musterbeispiel, an dem alle Schritte historisch-kritischer Auslegung durchexerziert werden.

nung des Ortes von Lus zu Bet-El in den Mund gelegt. Er ist der Erste, der an dem Ort durch die Aufrichtung der Mazzebe, ihre Salbung mit Öl und sein Gelübde kultische Handlungen vollzieht. In diesem Sinne könnte er als Kultstifter von Bet-El angesehen werden.

Nicht zuletzt aber ist diese Erzählung ein Verbindungsstück zwischen den noch ungelösten Jakob-Esau-Konfliktgeschichten und dem sich in Kürze auftuenden Jakob-Laban-Konfliktkreis.

2.2 Jakob und Laban I

2.2.1 Ankunft und Aufnahme in Mesopotamien (1. Mose 29,1–14)

Nach der wunderbaren Traumoffenbarung in Bet-El setzt Jakob seinen Weg fort. Alle Fährnisse der Reise werden übergangen. Kaum ist Jakob losgezogen, ist er auch schon angekommen.

Eine Frage stellt sich in Bezug auf die Benennung des Reiseziels Jakobs. In 1. Mose 28,1–9 wurde Jakob von seinem Vater nach Paddan-Aram geschickt, was eventuell eine andere Bezeichnung für Haran ist, oder aber die Landschaft, in der sich Haran befindet, bezeichnen könnte. Von Haran war in 1. Mose 27,43 die Rede. Dorthin wollte die Mutter Rebekka ihren Sohn schicken. Hier nun geht Jakob in das »Land der Ostleute« (29,1), das Gebiet der syrisch-arabischen Wüste, (nord-)östlich von Kanaan. Jakob geht also keineswegs in das mesopotamische Haran. Diese Inkongruenz in der Verortung des Reiseziels Jakobs kann unterschiedlich erklärt werden. Nach E. Blum z. B. ist Labans Heimat das »Land der Ostleute«. Seine Verortung in Haran (1. Mose 27,43) bzw. Paddan-Aram (28,1–9) sei auf eine spätere »Harran-Bearbeitung« der

Texte zurückzuführen.[66] Möglich ist aber auch, im »Land der Ostleute« nicht unbedingt das Ziel der Reise zu sehen, sondern die Richtung der Wanderung (nach Osten hin, ostwärts).[67] Einen Anhaltspunkt im Text hat diese Deutung in dem Wort »Land«, das mit dem die Richtung weisenden *He locale* versehen ist (»in Richtung auf das Land der Ostleute hin«). Klar ist jedenfalls, dass sich Jakob in (nord-)östlicher Richtung bewegt.

Dem Wanderer bietet sich am Ende seiner Reise der Anblick eines Brunnens mitten auf dem Feld. Dem Brunnen kommt eine besondere Bedeutung zu, da die Erzählerrede darüber erstaunlich ausführlich gehalten ist. Jakob sieht drei Kleinviehherden, die um den Brunnen lagern. Es wird erklärt, dass aus ebendiesem Brunnen die Herden getränkt werden (V. 2a). In besonderer Weise wird hervorgehoben: »Der Stein auf der Öffnung des Brunnens war groß« (V. 2b). Dann wird dem Leser eine Gebrauchsanweisung zur Benutzung des Brunnens gegeben: »Sie versammelten dorthin alle Herden und rollten den Stein von der Öffnung des Brunnens weg und tränkten das Vieh und taten den Stein auf die Öffnung des Brunnens zurück, an seinen Ort« (V. 3). Es ist auffällig, wie lange bei dem Stein verweilt wird. Was könnte das bedeuten?

Wenn alle Herden sich an diesem einen Brunnen versammeln, gibt es wohl keinen weiteren in absehbarer Entfernung. Das Wasser muss also für alle reichen. Ob der Stein deshalb so groß ist, dass keiner ihn allein von der Brunnenöffnung wegrollen und sich

66 E. Blum, Komposition, 103f.; 164ff.

67 Vgl. C. Westermann, Genesis I/2, 566; B. Jacob, Genesis, 585 (s. auch 996).

dadurch vor den anderen Hirten einen Vorteil verschaffen kann?

Nach diesen zum Nachdenken anregenden Erläuterungen über die Wasserquelle und den Stein spricht Jakob zu den Hirten. Seine Rede wird zwar in der üblichen Weise eingeleitet (»und Jakob sprach zu ihnen«), kommt aber doch etwas unerwartet, da nicht davon berichtet wurde, dass Jakob tatsächlich so nahe an die Hirten herangekommen sei. Der Dialog ist knapp gehalten. Dreimal stellt Jakob Fragen; dreimal erhält er die kürzest möglichen Antworten. »Von wo seid ihr?« – »Von Haran sind wir« (V. 4) ist der erste Wortwechsel in diesem Gespräch. Erstaunlicherweise wird erst hier erwähnt, dass Jakob am Ziel seiner Wanderung angelangt ist. Da er nun schon am richtigen Ort ist, fragt er weiter: »Kennt ihr Laban, den Sohn

Abb. 6: William Dyce: Jakob und Rahel

Nahors?« »Wir kennen ihn«, lautet die Antwort der Hirten (V. 5). Die letzte Frage ist die nach Labans Befinden, nach seinem Schalom. Auch darauf antworten die Hirten bejahend mit einem einzigen Wort: »Schalom« (V. 6a).

Dann machen sie mit Hilfe des Ausdrucks »und siehe« (V. 6b) Jakob auf die Ankunft von Labans Tochter Rahel aufmerksam. Sie kommt mit der Herde ihres Vaters. Jakob versucht daraufhin, die Hirten davon zu überzeugen, dass es noch nicht Zeit sei, die Herden einzutreiben (»der Tag ist noch groß«; V. 7a). Sie sollten die Tiere tränken und wieder auf die Weide treiben. Warum erteilt Jakob den Hirten diesen Rat? Will er mit Rahel allein am Brunnen bleiben? Oder sucht er einen Anknüpfungspunkt, um mit den Hirten ins Gespräch zu kommen?

Jedenfalls sind sich die Hirten einig darin, dass sie auf den Vorschlag des Fremden nicht eingehen können. Sie erklären dem Wanderer noch einmal, mit fast den gleichen Worten, die der Leser aus der Erzählerrede in V. 3 schon kennt, dass erst alle Herden versammelt, der Stein vom Brunnenloch gewälzt und dann die Tiere getränkt werden (V. 8). »Während er noch mit ihnen sprach«, mitten in der Auseinandersetzung also, »da kam Rahel mit dem Kleinvieh, das ihrem Vater gehörte, denn sie war eine Hirtin« (V. 9). Umständlich wird festgehalten, wen Jakob sieht: »Rahel, die Tochter Labans, des Bruders seiner Mutter« (V. 10a). Dieser Anblick lässt Jakob übermütig handeln. Er wälzt (allein!) den Stein vom Brunnenloch und tränkt »das Vieh Labans, des Bruders seiner Mutter« (V. 10b). Diese dreimalige, etwas behäbig wirkende Wiederholung der Einführung Rahels und des Viehs als Laban, dem Bruder seiner Mutter zugehörig, weist darauf hin, dass Jakob nun tatsächlich ans Ziel seiner Reise gelangt ist, zu seiner Verwandtschaft. Zugleich wird der Akzent auf Laban gesetzt, der an dem nun folgenden Handlungsverlauf maßgeblich beteiligt sein wird.

Nachdem Jakob das Vieh »getränkt« (*wajjaschk*) hat, widmet er sich Rahel. Er »küsst« (*wajjischak*) sie zur Begrüßung und beginnt, Tränen der Erleichterung, vielleicht auch der Freude, zu weinen (V. 11).

Folgt man streng dem Verlauf der hier dargestellten Erzählung, so muss man annehmen, dass Rahel über Jakobs Verhalten etwas gestaunt haben muss. Da kommt ein Fremder, wälzt allein den großen Stein vom Brunnenloch, obwohl noch andere dabei sind, die mithelfen könnten, tränkt ihre Tiere, küsst sie und beginnt zu weinen. Erst nach alledem wird erzählt, dass er sich ihr als »Bruder ihres Vaters« und als »Sohn der Rebekka« vorgestellt habe (V. 12). Es kann freilich sein, dass diese Vorstellung, die in der Erzählerrede referiert wird, an einer früheren Stelle im Handlungsablauf stattgefunden hat, wegen der bewegten Begegnung aber, von der in einem Atemzug berichtet wurde, erst hier nachgetragen wird. Nun ist es an Rahel, die Bewegung zu übernehmen. Sie läuft und kündigt ihrem Vater die Ankunft Jakobs an (V. 12b). Laban übernimmt die Stafette. Als er hört, dass Jakob, der Sohn seiner Schwester, angekommen ist, läuft er ihm entgegen, umarmt und küsst ihn und bringt ihn in sein Haus (V. 13a).

Die Begegnungs- und Begrüßungsszene hat eine Bewegungswelle ausgelöst, die mit Jakobs Tränkaktion begonnen hat und in V. 13b damit endet, dass er seinem Onkel »alle jene Dinge« erzählt. Was das für Dinge sind, wird nicht präzisiert. Ob er vom Segensbetrug erzählt hat? Er muss Laban jedenfalls einen Grund dafür genannt haben, dass er sich unerwartet bei ihm einfindet. Hinzu kommt, dass Jakob ja als

Flüchtling bei seinem Onkel Zuflucht sucht und seine momentane Situation erklären muss. Dass Jakob tatsächlich als Flüchtling kommt und nicht, wie 1. Mose 28,1–9 nahe legt, als Freier, ist aus einem Vergleich der vorliegenden Episode mit 1. Mose 24 zu entnehmen. Abraham hatte dort seinen Knecht reichlich mit Geschenken versehen, die er als Brautpreis zahlen sollte. Der Knecht beschenkte Rebekka schon bei der Begegnung am Brunnen und brachte dann auch der Familie noch weitere Geschenke. Freilich musste sich Rebekka diese Geschenke verdienen bzw. musste sich für die Ehe mit dem Abrahamssohn als tauglich erweisen. Sie handelte tatsächlich entsprechend den Erwartungen des Knechtes: Sie gab dem müden Wanderer und seinen Tieren zu trinken.

In gewisser Weise ist 1. Mose 29,1–14 eine Umkehrgeschichte zu Kap. 24. Nicht der Repräsentant des Vaters (Abrahams Knecht) macht sich auf den Weg, um für den Sohn seines Herrn die passende Ehefrau zu suchen, sondern der Sohn begibt sich auf die Reise, aus doppeltem Beweggrund: um eine Frau zu finden (wenn man die Rahmenteile der Betrugsgeschichte Kap. 27 berücksichtigt) und – hauptsächlich wohl – um nicht der Rache seines Bruders zum Opfer zu fallen. Als Flüchtling erscheint er bei der Verwandtschaft. Er bringt keine Geschenke mit. Vielmehr bietet er seine Dienste an, schon am Brunnen, wo er Rahels Tiere tränkt. In 1. Mose 24 bewies Rebekka durch ihre Dienstbereitschaft, dass sie die Richtige war. Hier erwirbt sich ihr Sohn durch eine ähnliche Aktion die Aufnahme bei den Verwandten zum Schutz vor dem Zorn des betrogenen Bruders.

Über den Grund seiner momentanen materiellen Notsituation muss Jakob seinem Onkel berichtet haben, als er ihm »alle jene Dinge« erzählte. Laban nimmt ihn trotzdem bei sich auf, denn: »Du bist doch mein Bein und mein Fleisch!« (V. 14a).[68]

Ein erster wirklicher Ruhepunkt schließt diesen Erzählabschnitt ab: »Und er (Jakob) wohnte bei ihm (Laban) einen Monat lang« (V. 14b). Hier horcht der Leser auf. Hatte Rebekka Jakob nicht für »einige Tage« zu Laban geschickt (1. Mose 27,44)? Die sind nun vorbei, ohne dass Rebekka ihren Sohn, wie sie es versprochen hatte, zurückgeholt hätte. Jakob muss sich auf einen längeren Aufenthalt in Mesopotamien gefasst machen.

2.2.2 Dienst und Lohn: Die Hochzeiten (1. Mose 29,15–30)

Da sich die Zeit bei Laban doch in die Länge zu ziehen scheint, müssen die Verhältnisse zwischen Neffe und Onkel geklärt werden. Das Provisorium wird durch klare Abmachungen ersetzt. Laban ist der Motor in dieser Angelegenheit. Er wendet sich an Jakob: »Du bist doch mein Bruder! Solltest du mir umsonst dienen? Sag mir, welches dein Lohn sein soll!« (29,15). Jakobs Antwort erfolgt erst in V. 18b. Rahel, Labans jüngere Tochter, will er zur Frau haben. Das soll der Lohn für seinen Dienst sein. Nach der Szene am Brunnen hat man sich als Leser diese Antwort eigentlich schon denken können. Trotzdem schaltet sich der Erzähler zwischen Labans Frage und Jakobs Antwort mit einem keineswegs überflüssigen Kommentar ein. Zunächst wird darüber informiert, dass Laban zwei

68 Die »Verwandtschaftsformel« kommt noch in 1. Mose 2,23; Ri 9,2.3; 2. Sam 5,1; 19,13.14 vor und bezeichnet immer eine enge verwandtschaftliche Beziehung zwischen dem, der die Worte ausspricht und dem, an den sie gerichtet sind. W. Reiser, Die Verwandtschaftsformel in Gen. 2,23, ThZ 16, 1–4.

Töchter hat, von denen die aus der Brunnenbegegnung bekannte Rahel die jüngere ist. Dann erfolgt eine zwar kurze, aber aussagekräftige Beschreibung der Schwestern. Die Augen der älteren Lea werden mit dem Adjektiv *rakot* bedacht. Oft wird das Wort in einem negativen Bedeutungsspektrum wiedergegeben. Demnach wären Leas Augen glanzlos, hässlich, ausdruckslos, nichtssagend. *Rak* bedeutet allerdings »sanft, zart«, was an sich eher eine positive Bedeutung impliziert. Diese Deutung vertritt auch R. Gradwohl:

»Es handelt sich nicht darum, Lea als die Hässliche abzustempeln, es geht vielmehr um zwei Arten von Schönheit. Die eine Frau besitzt beeindruckende Augen, die andere noch mehr: eine perfekte Gestalt.«[69]

Rahel wird als von schöner Gestalt und gutem Aussehen beschrieben. Jedenfalls haftet ihr insgesamt eine besondere Ausstrahlung an. Der Erzähler hält noch fest, dass Jakob Rahel liebt. Rahels Aussehen und Jakobs Zuneigung zu ihr geben den Ausschlag bei seiner Lohnforderung. Sie will er haben, keine andere, auch keine materiellen Güter. Sieben Dienstjahre ist ihm die Cousine wert. Laban ist mit der Forderung einverstanden: »Es ist besser, ich gebe sie dir, als dass ich sie einem anderen Mann gebe« (V. 19a). Auch das Angebot der sieben Dienstjahre nimmt er an. Er fordert Jakob auf, bei ihm zu bleiben. Die Übereinkunft scheint für beide Vertragspartner vorteilhaft zu sein.

Über die nun folgenden sieben Jahre wird nicht mehr gesagt, als dass sie für Jakob wegen der Intensität sei-

69 R. Gradwohl, Waren Leas Augen hässlich?, VT XLIX, 1999, 123. In diesem Aufsatz auch ein Überblick über die gegenteiligen Argumente.

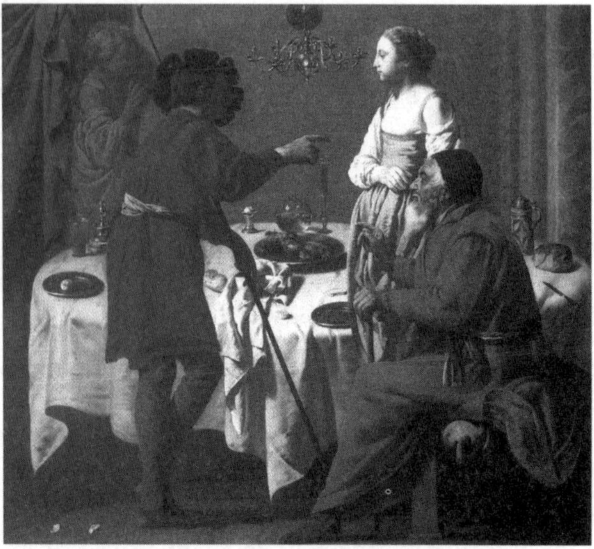

Abb. 7: Hendrick ter Brugghen (1588–1629):
Jakob macht Laban Vorwürfe, ihm Lea statt Rahel zur Frau gegeben zu haben

ner Liebe zu Rahel »wie einige Tage« verflogen sind. Diese Zeitangabe ist eine Stichwortanknüpfung an 1. Mose 27,44, wo für Jakobs Aufenthalt bei Laban »einige Tage« veranschlagt wurden. Obwohl Jakob schon sieben Jahre bei seinem Onkel zugebracht hat, sind »einige Tage«, wenn auch im übertragenen Sinn, nicht überschritten worden.

Trotzdem wird Jakob ungeduldig: »Her mit meiner Frau, denn meine Tage sind erfüllt, damit ich zu ihr eingehe!« (V. 21). Jakob hat seinen Teil der Verabredung eingehalten. Nun muss auch Laban Wort halten. Er veranstaltet ein Gelage, zu dem er alle Ortsansässigen einlädt. Doch in der Hochzeitsnacht selbst nimmt er Lea und führt sie Jakob zu (V. 23). Entsprechend einer Auslegung der Episode im Babylonischen Talmud[70] weiß Rahel um die betrügerische Absicht ihres Vaters. Sie vereinbart mit Jakob Erkennungszeichen für die Hochzeitsnacht, aber damit ihre Schwester Lea nicht beschämt wird, teilt sie ihr die Zeichen mit, so dass der Betrug ohne Probleme geschehen kann.

In der Logik der Gesamterzählung hat diese Betrugsgeschichte hier ihren wohlverdienten Platz, denn wenn man genau auf die Formulierungen dieser Szene achtet, wird man unwillkürlich an 1. Mose 27 erinnert, wo es um den Segensbetrug ging. Der Hochzeitsbetrug kann als Revanche für den Segensbetrug angesehen werden. Dort ist der blinde Vater von Jakob betrogen worden. Hier wird Jakob, der auch mit bester Sehkraft nichts gegen die Dunkelheit der Nacht ausrichten kann, betrogen. Dort hatte der Jüngere sich vor dem Älteren den Segen erschlichen; hier wird ihm die Ältere vor der Jüngeren untergeschoben. Dort hatte Jakob nicht nur den Vater, sondern auch den Bruder betrogen; hier wird ihm von einem heimgezahlt, der ihn als »mein Bruder« bezeichnet (29,14.15) und der Vater der Schwester ist, die Gegenstand des Betrugs ist.

Am Morgen, als Jakob den Betrug entdeckt, stellt er Laban zur Rede: »Was hast du mir getan? Habe ich dir nicht um Rahel gedient? Warum hast du mich also betrogen?« (V. 25). Labans Antwort ist bezeichnend und deutlich als Gegenstück zu 1. Mose 27 zu sehen: »So wird es an unserem Ort nicht gemacht, die Jüngere vor der Älteren zu geben« (V. 26). Zu Hause, da hatte er, Jakob, der Jüngere, sich ein Vorrecht erschlichen, das ihm eigentlich nicht zustand. Laban weiß, dass er da-

70 Vgl. Babylonischer Talmud IV, Traktat Megillah 13a.b.

mit Jakob in der Hand hat. Freilich, er gibt ihm auch Rahel, aber er erlegt Jakob noch weitere sieben Dienstjahre auf. Dieser weiß darauf nichts zu antworten. Er muss sich der Forderung seines Onkels fügen. Selbst diese unangenehme Situation ändert aber nichts an seiner Zuneigung zu Rahel, denn »er liebte auch Rahel, mehr als Lea« (V. 30 a).

Zu den beiden Frauen gehören als Mitgift auch zwei Leibmägde: Silpa, Leas Magd, und Bilha, die Magd Rahels. Ihre Erwähnung in V. 24 bzw. 29 fällt etwas aus dem Rahmen und stammt vermutlich aus späterer Hand als der Rest des Textes. Da aber die beiden Mägde in den ausstehenden Ereignissen eine nicht unerhebliche Rolle spielen, ist ihre Einführung in die Erzählung schon an dieser Stelle wichtig. Sie sind von Anfang an dabei, Mitstreiterinnen in dem Frauenkonflikt, der sich nach dem Jakob-Esau- und dem Jakob-Laban-Konflikt nun auftut.

2.3 Jakobs Frauen: Der Geburtenwettstreit (1. Mose 29,31–30,24)

Über die Jahre bei Laban wird stark zeitraffend erzählt. Die Geburt von zwölf Kindern, die doch einige Zeit in Anspruch genommen haben wird, selbst wenn vier Frauen daran beteiligt waren, »dauert« gerade mal eine Seite in der Hebräischen Bibel. Geburt folgt auf Geburt, beinahe pausenlos. Und selbst die kurzen Pausen werden mit Spannung erzeugenden Elementen gefüllt.

Schon der Beginn der Erzähleinheit ist spannend und steht in gewissem Maße auch in Widerspruch zu dem schon Bekannten. In V. 31 referiert der Erzähler: »Gott sah, dass Lea gehasst war.« Von Hass war aber vorher keine Rede. Zwar kommentierte ebenfalls der Erzähler, nachdem Jakob beide Schwestern zu Ehefrauen erhalten hatte: »Er liebte (auch) Rahel, mehr als Lea« (V. 30), aber diese Aussage drückt lediglich eine gesteigerte Zuneigung Jakobs zu Rahel aus, keinen Gegensatz zwischen einer geliebten und einer gehassten Frau. Nun kann das Wort *sane* nicht nur »hassen« bedeuten, sondern auch die Bedeutung »zurücksetzen, verschmähen« annehmen. Das würde für den Fall Leas und im Hinblick auf Jakobs besondere Liebe zu Rahel eher zutreffen. Aus den Worten des Erzählers kann entnommen werden, dass Gott es bei dieser Zurücksetzung Leas nicht belassen kann. Er öffnet ihren Mutterleib, während Rahel unfruchtbar ist (V. 31). Lea erweist sich nach dem Eingreifen Gottes als recht »produktiv«. Sie bringt nacheinander vier Söhne zur Welt, denen sie Namen gibt, die auf ihre Situation bezogen sind.

Lea nennt ihren ersten Sohn Ruben – »Seht, ein Sohn!« mit der Begründung: »Denn der Herr hat mein Elend gesehen; denn nun wird mein Mann mich lieben« (V. 32). Lea weiß, wem sie das Kind zu verdanken hat: Gott. Sie verleiht auch ihrer Hoffnung Ausdruck, dass Jakob ihr nun als Mutter seines Sohnes liebevolle Beachtung schenken wird.

Der zweite Sohn heißt Simeon, was sich von *schama* – »hören« ableitet, »denn der Herr hat gehört, dass ich verschmäht war und gab mir auch diesen« (V. 33). Ein gewisser Gegensatz ist herauszuspüren zwischen dem Ehemann, der sich um Lea nicht kümmert, und Gott, der ihre daraus erwachsende Not sehr wohl zur Kenntnis nimmt.

Ein dritter Sohn wird geboren und Levi genannt, denn »dieses Mal wird mein Ehemann sich mir anschließen (*jilaweh*), denn ich habe ihm drei Söhne geboren« (V. 34). Bei den ersten beiden Söhnen hatte Lea bei der Begründung der Namen sowohl ihr Verhältnis zu Gott als auch das zu ihrem Gatten angesprochen. Bei Levi scheint das auf den ersten Blick nicht der Fall zu sein. Lea erhofft sich eine nähere Beziehung zu Jakob, der doch von der Dreizahl seiner Söhne beeindruckt sein sollte. Gott scheint aus der Namenserklärung zu fehlen. Bei den Hörern oder Lesern damals könnte bei dem Namen Levi auch die Bedeutung »entleihen« mitgeschwungen haben (vgl. HAL zu *lawah* II). Wird diese Beobachtung verknüpft – und hier muss etwas über den strikten Rahmen der Familiengeschichte hinausgegriffen werden – mit dem Wissen um die Sonderstellung des Stammes der Gott geweihten Leviten, dessen Ahnvater Leas Sohn sein soll, so lässt sich in der Begründung seines Namens durchaus auch die Relation zu Gott finden. Levi, das ist der von Gott Entliehene, der in Gottes Dienst gestellt, das heißt ihm zurückgegeben wird.

Für den vierten Sohn Juda – »Gottlob« will Lea dem Herrn danken (V. 35). Ob dieser Dank darauf zurückzuführen ist, dass sich die eheliche Beziehung verbessert hat oder darauf, dass Lea als Mutter ihrer Söhne nun vielleicht mehr Ansehen genießt als ihre unfruchtbare Schwester, wird nicht gesagt.

Jetzt folgt eine Gebärpause, ein guter Anlass, um die Aufmerksamkeit von Lea auf Rahel zu richten. Sie, der Jakobs meiste Zuneigung gilt, leidet sehr unter ihrer Unfruchtbarkeit und hegt verständlicherweise Eifersuchtsgefühle ihrer Schwester gegenüber (1. Mose 30,1a). In ihrer Not wendet sie sich mit einer groben Bitte, ja eher mit einem Vorwurf, an Jakob: »Schaffe mir Söhne! Wenn nicht, so sterbe ich« (V. 1b).[71] Ähn-

71 Vgl. auch 25,22 und 27,46, wo Rebekka zwar nicht mit denselben Worten, aber sinngemäß ähnlich ihren Unmut über einen bestehenden Zustand äußert. Es geht einmal um die wegen

liche Worte hatte auch Jakob Laban gegenüber gebraucht, als er diesem in anklagender Weise zu verstehen gegeben hatte, dass die sieben Dienstjahre nun um sind, und er seine Frau haben will (29,21). In beiden Fällen bringen die Worte die Ungeduld der sie Sprechenden zum Ausdruck. Jakob will endlich den ihm zustehenden Lohn für seinen Dienst, nämlich Rahel; Rahel aber will endlich Söhne. Für sie hat sonst das Leben keinen Sinn mehr. Allerdings scheint sie sich mit ihrer Anklage nicht an den richtigen Adressaten zu wenden. Gott ist es nämlich, der Fruchtbarkeit schenkt, wie der Leser schon aus der Erzählerrede in der Eröffnung dieser Erzähleinheit weiß. Rahel aber wendet sich an Jakob. Dieser weiß auch, dass Gott mitspielen muss, wie aus seinem Wutausbruch Rahel gegenüber ersichtlich wird: »Bin ich an Gottes Stelle, der dir Leibesfrucht versagt hat?« (V. 2). Jakob zieht aber keine Konsequenzen aus seinem Wissen. Er könnte ja Gott für seine geliebte Frau bitten, so wie Isaak das seinerzeit für Rebekka getan hatte (25,21), aber er tut es nicht. Also ergreift Rahel die Initiative. Sie bringt einen Vorschlag zur Lösung des Problems vor. Ihre Leibmagd Bilha will sie als Leihmutter einsetzen. »Geh zu ihr ein, damit sie gebärt auf meinen Knien und ich be-kindet[72] werde, auch ich, durch sie«

der Zwillinge problematische Schwangerschaft, das andere Mal aber um ihre Abneigung gegen Esaus hetitische Frauen.

72 Zu Recht gibt R. Lapide (Abraham – Der Erzvater, in: R. Lapide / W. Flemmer, Kennen Sie Adam, den Schwächling? Ungewöhnliche Einblicke in die Bibel, Stuttgart/Zürich 2003, 37–62, hier 48) das hebräische Wort *ibane* mit »bekinden« und nicht mit »erbauen« wieder, da sich in diesem Fall die Ableitung von *ben* (»Sohn/Kind«) eher nahe legt als die Ableitung von *bana* (»erbauen«). Auch C. Westermann, H. Gunkel, G. von Rad übersetzen sinngemäß »zu Kindern kommen«. Anders H. Seebass, der »aufbauen« übersetzt, darunter aber

(V. 3b). Die »Geburt auf den Knien« ist ein Akt der Legitimierung. Das Kind, das die Magd zur Welt bringen würde, wäre durch die Geburt auf Rahels Knien ihr Kind.

Rahel führt Jakob also ihre Leibmagd zu. Deren erster Sohn wird von Rahel, die ihn somit als ihren eigenen legitimiert, Dan genannt, »denn Gott hat mir Recht gesprochen (*danani*) und hat auch meine Stimme gehört und mir einen Sohn gegeben« (V. 6). Auch Rahel weiß also, dass Gott mit von der Partie sein muss, wenn es um Kinderkriegen geht.

Bilhas zweiter Sohn erhält von Rahel den Namen Naftali, über dessen Begründung und Bedeutung in der Forschung viel gerätselt wurde und wird, zumal das Nomen *naftulim*, das hier gebraucht wird, außer an dieser Stelle in der Bibel nicht vorkommt. Sinngemäß müsste es einen Kampf bezeichnen, wenn Rahel am Ende behaupten kann: »ich habe es geschafft / ich habe gesiegt« (V. 8a).

Rahel sagt: *naftule elohim niftalti im achoti* – »Gottesverdrehungen / Gotteskämpfe habe ich mit meiner Schwester verdreht / gekämpft« (V. 8). Was kann damit gemeint sein? Vordergründig legt sich der Gedanke an die Rivalität zwischen den Schwestern und Ehefrauen Jakobs nahe. Nimmt man aber die Bedeutung »sich ineinander verschlingen, verdrehen« der hebräischen Wortwurzel *ptl*, die dem Namen Naftali zu Grunde liegt, ernst, dann geht es hier um Verdrehungen, sogar um Gottesverdrehungen.

Verdrehungen gibt es in den Jakobserzählungen von Anfang an: Der Jüngere wird vor dem Älteren gesegnet, der Gesegnete muss fliehen; Jakob dient bei

»bei einer Frau die Ausstattung mit Söhnen« versteht (Vätergeschichte II, 336).

Laban um Rahel, erhält aber zur Hochzeit Lea; die verschmähte Lea wird mit Kinderreichtum gesegnet, während die Lieblingsfrau Rahel unfruchtbar ist. Dann verdreht Rahel diese verdrehte Situation, indem sie ihre Leibmagd Bilha als Leihmutter einsetzt.[73] Sie stellt sich auf diese Weise auch gegen Gott, der der ungeliebten Lea Fruchtbarkeit geschenkt, sie, Rahel aber hat leer ausgehen lassen. Rahels Kampf ist vordergründig einer, den sie mit ihrer Schwester austrägt, tiefgründig aber ist es ein Kampf mit Gott um dessen Zuneigung, wenn man die Analogie zu Lea herstellen will. Lea, die von ihrem Ehemann zurückgesetzte, von Gott aber mit Wohlwollen angesehene Frau, kämpft durch die Geburten ihrer Söhne um die Zuneigung ihres Gatten. Rahel, die von Jakob geliebte Ehefrau, die sich von Gott aber verschmäht und ungerecht behandelt fühlt, kämpft eigentlich um Gottes Zuwendung zu ihr. Wenn sie nun durch ihre Magd zu Kindern kommt, wenn auch nicht zu eigenen leiblichen, bedeutet das, dass sie sich in den Gottes- und Schwesterkämpfen in gewissem Maße hat durchsetzen können.

Die zweite Runde im Geburtenwettstreit geht also auf Rahels Konto. Lea wirft nun ihre Leibmagd Silpa ins Rennen. Es ist nicht ganz erklärlich, warum sie es tut. Keine andere Begründung wird dafür gegeben als Leas nüchterne Feststellung, dass sie aufgehört hatte zu gebären (V. 9a). Im Falle Rahels ist die Einsetzung einer Leihmutter aus ihrer Verzweiflung heraus verständlich. Aber bei Lea? Sie hat doch schon Kinder!

73 Vgl. zu Rahels Verdrehung der für sie ungünstigen Situation F. Crüsemann, Die Gotteskämpferin, in: D. Sölle (Hrsg.), Für Gerechtigkeit streiten. Theologie im Alltag einer bedrohten Welt. Luise Schottroff zum 60. Geburtstag, 1994, 41–45.

Dass Silpa ins Spiel gebracht wird, fördert den Konkurrenzkampf und garantiert eine Fortsetzung des Geburtenwettstreits. Noch knapper als bisher werden die Geburten der Silpasöhne notiert. Ihre Schwangerschaft wird gar nicht erst erwähnt.

Den ersten Sohn der Magd nennt Lea Gad – »Glück auf!«, den zweiten Ascher – »Glück« mit der Erklärung: »zu meinem Glück, denn nun werden mich glücklich preisen die Töchter« (V. 13). Es fällt auf, dass in den Begründungen dieser fast synonymen Namen weder die Beziehung Leas zu Jakob noch die zu ihrer Schwester und auch nicht die zu Gott thematisiert werden. Das könnte möglicherweise ein Hinweis darauf sein, dass den Silpasöhnen weniger Bedeutung zukommt als denen Leas und auch als denen Bilhas, die ja durch die Geburt auf den Knien Rahels als ihre eigenen gelten.

In der etwas weiter ausgeführten Genealogie, als die man unsere Erzähleinheit ansehen kann, fällt die kurze Szene V. 14–16 auf. Ruben, Leas Ältester, findet zur Zeit der Weizenernte Dudaim – »Liebesäpfel« auf dem Feld, die er seiner Mutter bringt. Noch ahnt man nicht, in welchem Zusammenhang diese Episode mit dem Geburtenwettstreit der Frauen steht, doch das ändert sich, wenn in Betracht gezogen wird, dass die von Ruben gefundene Pflanze *Mandragora autumnalis*, eine Pflanze mit aphrodisischer Wirkung, ist.[74] Es versteht sich in diesem Kontext beinahe von selbst, dass Rahel, die nun in der Szene erscheint, etwas von den Dudaim ihrer Schwester abbekommen will. Rahel will kein Mittel unversucht lassen, mit dem sie gegen ihre Unfruchtbarkeit ankämpfen kann. Lea reagiert verständlicherweise heftig auf Rahels Anspruch: »Ist es

---

74 Vgl. M. Zohary, Pflanzen der Bibel, Stuttgart 1983, 188 f.

nicht genug, dass du meinen Mann genommen hast? Nun willst du auch die Dudaim meines Sohnes?« (V. 15). Rahel lässt sich von diesem Vorwurf nicht einschüchtern. Sie will das Aphrodisiakum unbedingt haben. Dafür ist sie bereit, Jakob für eine Nacht an Lea abzutreten (V.15b). Zwar haben Lea und Rahel als Hauptfrauen Jakobs beide die gleichen Rechte auf den Ehemann, aber das besondere Verhältnis der Zuneigung Jakobs zu Rahel lässt ihn Lea etwas vernachlässigen. Nun gönnt Rahel ihrer Schwester den Ehemann, weil sie etwas von ihr haben will. Als Jakob am Abend vom Feld kommt, empfängt ihn Lea mit den Worten: »Zu mir wirst du kommen, denn ich habe dich ja gemietet/gedungen um die Dudaim meines Sohnes« (V. 16a). Jakob hat zu diesem Ergebnis der Auseinandersetzung der Schwestern nichts zu sagen. Er fügt sich ihrem Beschluss. Thomas Mann spitzt es in seinem Roman noch ironisch zu, indem er Jakob sagen lässt: »Seid ihr einig in meinem Betreff, so soll's also sein. Denn wider Weibesrat soll der Mann sich nicht setzen, noch löcken wider der Frauen Beschluß und Befinden.«[75]

Was sich in dieser Episode abspielt, ist ein Handel zwischen den Frauen Jakobs, der sich zu zwei Ereignissen in den Jakobsgeschichten in Beziehung setzen lässt.[76] Auf der einen Seite legt sich die Verbindung mit der Episode des Handels um das Erstgeburtsrecht (25,29–34) nahe. Dort handelten die beiden Brüder, hier tun es die beiden Schwestern. In einem Fall war es der ältere Bruder, der im Grunde genommen etwas Wertloses, in seiner Notsituation aber Überlebensnotwendiges, die Linsenmahlzeit, haben wollte, dafür

75 Th. Mann, Die Geschichten Jaakobs, 326.
76 Vgl. dazu R. A. Klein, Leseprozess, 198–201.

Abb. 8: Mandragora autumnalis

aber einen unverhältnismäßig hohen Preis, das Erstgeburtsrecht, zahlen musste. In dem anderen Fall will die jüngere Schwester etwas haben, was an sich nichts Großartiges ist, in ihren Augen aber wohl das Heilmittel für ihre Unfruchtbarkeit sein könnte: die Dudaim. Anders als im Falle Esaus und Jakobs, wo Jakob den Preis für die Linsenmahlzeit genannt hatte, bietet Rahel ihrer Schwester selbst den Kaufpreis an: den Ehemann. War Jakob in dem einen Fall der Drahtzieher, so hat er im Fall der Verhandlung seiner Frauen nichts zu vermelden. Ob die beiden Handelsepisoden absichtlich als Abfolge eines Schuld-und-Strafe-Zusammenhangs konzipiert sind, so dass Jakob, der sich mit List das Erstgeburtsrecht einhandelte, nun selber als Tauschobjekt fungiert, ist nicht sicher auszumachen. Auf assoziativer Ebene besteht aber eine Beziehung zwischen den beiden Texten.

Auf der anderen Seite erinnert Leas Vorwurf an Rahel, ihr den Ehemann ausgespannt zu haben und nun auch die Dudaim ihres Sohnes haben zu wollen, an 1. Mose 27,36, wo Esau, nachdem Jakob vor ihm gesegnet worden war, dem Vater gegenüber äußerte, dass sein Bruder ihm sowohl das Erstgeburtsrecht als auch den Segen weggenommen habe. In beiden Fällen beklagen die älteren Geschwister den Verlust zweier Werte und geben den jüngeren Geschwistern die Schuld daran. Lea allerdings hat es da besser als Esau, denn sie hat die Dudaim zum Zeitpunkt ihres Vorwurfs an Rahel noch nicht aus der Hand gegeben, während Esau beides, Erstgeburtsrecht und Segen, schon verloren hatte. Lea kann für ihre Dudaim noch einen guten Preis erhalten. Und den bekommt sie auch.

Wen kann man in dieser Runde der Auseinandersetzung der Frauen als Siegerin bezeichnen? Ist es Rahel, die sich nun im Besitz einer Pflanze befindet, von der sie sich die Lösung ihres Problems verspricht? Aber was nützen ihr denn die Dudaim, wo sie doch gerade eben ihren Mann weggegeben hat, den sie ja bräuchte, um die Wirkung der Pflanze zu erproben? Oder ist Lea die Siegerin, da sie um den Ehemann mindestens für eine Nacht nicht buhlen muss, sondern ihn von der Schwester offiziell abgetreten bekommt?

Es ist an dieser Stelle der Erzählung keine Entscheidung über den Etappensieg der einen oder der anderen Schwester möglich, da sich ein solcher, wie wir bisher gesehen haben, an den Kindern der einen bzw. den Leihkindern der anderen Frau misst. Lea scheint, wenn die Fortsetzung der Episode mitbedacht wird, den vollen Nutzen aus dem Handel zu ziehen, denn ihr werden noch weitere Kinder geboren, doch der Schein trügt. Der Anfang von V. 17 bringt Gott wieder auf den Plan. Er erhört Lea. Daraufhin wird sie schwanger und bringt ihren fünften Sohn zur Welt. Der kurz vorher abgeschlossene Handel um die Dudaim spielt keine Rolle. Auch die Begründung des

Namens Issachar: »Gott hat mir meinen Lohn gegeben, weil ich meine Magd meinem Mann gegeben habe« (V. 18) enthält keine Anspielung auf die Dudaim-Szene, sondern knüpft geradewegs an V. 13 an. Sollte der Vorfall mit den Dudaim nur ein Einschub sein? Möglich wäre es, aber es ist zu beachten, dass in dieser Episode selbst schon auf den Namen Issachar angespielt wird, als Lea zu Jakob sagt: »Zu mir wirst du kommen, denn ich habe dich ja gedungen (*sachor secharticha*) um die Dudaim meines Sohnes« (V. 16a). Der Name Issachar, der sich von *sachar* (»Mietslohn«) herleitet, passt sowohl zu der Dudaim-Geschichte, in der Lea ihren Mann tatsächlich um den Mietslohn der Dudaim für eine Nacht erwirbt, als auch zur Tatsache, dass sie ihre Leibmagd als Leihmutter eingesetzt, also gewissermaßen vermietet hat.

Bei der Namengebung des sechsten Leasohnes Sebulon wird mit zwei ähnlichen Worten gespielt: »Geschenk« und »erheben«. »Gott hat mir ein schönes Geschenk gemacht (*zebadani … zebed*). Dies Mal wird mein Mann mich erheben (*jizbeleni*)« (V. 19).

Bemerkenswert ist, dass in diesen beiden Namengebungen wieder, so wie bei Leas ersten vier Söhnen, ihr Verhältnis zu Gott und zu Jakob thematisiert wird. Das war bei den Söhnen ihrer Magd Silpa nicht der Fall.

Die Notiz über die Geburt Dinas (V. 21) wirkt wie ein Anhängsel. Sie wird in der Forschung auch immer wieder zu Recht als sekundär in ihrem jetzigen Kontext betrachtet. Tatsächlich passt die Notiz auch von ihrer Form her nicht zu den übrigen Nachrichten über die Geburten. Dinas Name wird nicht erklärt. Dennoch ist es logisch, dass Dina, die in 1. Mose 34 als bekannt vorausgesetzt wird, im Rahmen der Geburtsgeschichte der Jakobskinder eingeführt wird.

Lea ist mit sieben Kindern gesegnet, Rahel hat immer noch kein eigenes. Sie scheint nun definitiv auf den Verliererplatz abgerutscht zu sein. Doch dann geschieht doch noch das Unerwartete. Gott erinnert sich an Rahel, erhört sie und öffnet ihren Mutterleib (V. 22). Sie bringt ihren ersten Sohn Josef zur Welt. Auch dieser Name wird wortspielerisch in zweifacher Weise gedeutet: »Gott hat von mir meine Schmach weggenommen (*asaf*)« und »der Herr möge mir einen weiteren Sohn hinzufügen (*josef*)« (V. 24). Durch diese zweite Namensdeutung Josefs erhält die Erzählung ein nach vorne hin offenes Ende. Endlich hat Gott von seiner Verschmähung und Zurücksetzung Rahels abgesehen. Nun hat auch Rahel ihr eigenes Kind. Sie wünscht sich gleich noch einen Sohn dazu. Dieser wird ihr später auch gegeben.

Deutlich können in 1. Mose 29,31–30,24 zwei Handlungsebenen unterschieden werden. Auf der Ebene der menschlichen Figuren der Erzählung geht es eindeutig um die Rivalität der Frauen, die sich in einem regelrechten Geburtenwettstreit niederschlägt. Da werden Leihmütter eingesetzt, es wird an aphrodisisch wirkende Kräuter appelliert, Händel werden abgeschlossen. Auf einer zweiten Ebene der Erzählung wird klar, dass all dieses Menschenwerk zwar gewisse Wirkung hat, dass aber Gott es letztendlich ist, der Fruchtbarkeit schenkt. Dies ist auch allen Beteiligten klar. Der Erzähler spricht von der Öffnung des Mutterleibes durch Gott (29,31; 30,22). Jakob äußert es in seinem Wutausbruch gegenüber Rahel (30,2). Auch die beiden Rivalinnen sind sich dessen bewusst, wie aus den Namengebungen ihrer Söhne ersehen werden kann. Noch etwas fällt auf: Gott steht immer auf der Seite der Benachteiligten, zuerst auf der Seite der zurückgesetzten Lea, dann aber, als Lea durch ihre Kinder ihre Stellung in der Familie gesichert hat, auf der Seite Rahels.

2.4 *Jakob und Laban II*

Nach dem innersten der konzentrisch angeordneten Konfliktkreise, jenem über die Rivalität der beiden Schwestern Lea und Rahel, wird nun der Konflikt zwischen Jakob und Laban wieder aufgegriffen und nach einigen Abenteuern zu Ende geführt.

2.4.1 Jakobs Hirtendienst bei Laban (1. Mose 30,25–43)

1. Mose 30,25–43 knüpft an den vorangegangenen Abschnitt über Jakobs Dienst um seine Frauen und die Geburt der Kinder an und führt ihn logisch weiter. Ging es in 1. Mose 29 um den Asylanten Jakob, der von seinem Onkel in den Dienst genommen wurde und diesem während seiner 14-jährigen Tätigkeit zu großem Reichtum verhalf, so geht es nun darum, dass Jakob selbst eigenen Besitz erwirbt. Grob zerfällt der Abschnitt in zwei Teile. Die Verse 25–34 enthalten die Verhandlung zwischen Jakob und Laban; die Verse 35 ff. berichten über die Umsetzung der auf Grund dieser Verhandlung gewonnenen Übereinkunft.

Als Auftakt zu einer großartig dargestellten Verhandlung, die G. von Rad als »Muster orientalisch-diplomatischer Höflichkeit und Schlauheit« bezeichnet,[77] steht Jakobs Bitte:

»Entsende mich, damit ich an meinen Ort und in mein Land gehe. Gib mir meine Frauen und meine Kinder, um die ich dir gedient habe, damit ich (weg-)gehe« (V. 25b–26a).

---

77 G. von Rad, Das erste Buch Mose, 261.

Nun, da die Dienstjahre, die Jakob für seine Frauen Lea und Rahel schuldig war, abgeleistet sind, und schon Nachwuchs da ist, endlich auch der Sohn Josef von der geliebten Frau Rahel, bittet Jakob seinen Onkel, seine Frauen und Kinder nehmen und die Heimreise antreten zu dürfen. Zu Recht weist G. von Rad darauf hin, dass Jakobs Bitte gerechtfertigt ist. Nach biblischem Gesetz (2. Mose 21,4–6) muss ein Sklave seine Frau, wenn sie ihm von seinem Dienstherren gegeben ist, sowie seine Kinder bei seiner Freilassung zurücklassen. Selbst wenn Jakob nicht im strengen Sinne als Sklave Labans bezeichnet werden kann, so ist er, der als Flüchtling besitzlos zu seinem Onkel gekommen ist, in hohem Maße von diesem abhängig.[78]

Der letzte Teil der Bitte Jakobs: »Du kennst meinen Dienst, mit dem ich dir zu Diensten gestanden habe« (V. 26b) will zwar formal einen Schlussstrich unter seinen Aufenthalt in Mesopotamien setzen, bietet gleichzeitig aber auch einen möglichen Anknüpfungspunkt für weitere Verhandlungen. Jakob will nicht einfach nur weggehen. Er will mehr und schafft es, in der sich nun entspinnenden Verhandlung mit Laban, geschickt darauf zuzusteuern.

Nachdem Jakob seine für weitere Diskussionen offene Bitte vorgebracht hat, meldet sich auch Laban zu Wort. Auch er äußert sich vorsichtig, abtastend, abwartend, fast inkohärent, so, als wolle er nichts eindeutig aussprechen: »Wenn ich doch Gnade gefunden habe vor deinen Augen … ich habe gewahrsagt … und der Herr hat mich um deinetwillen gesegnet« (V. 27).

Laban wendet sich mit einer Formel an Jakob, die von einem Untergebenen einem Vorgesetzten gegen-

---

78 Vgl. G. von Rad, Das erste Buch Mose, 261.

über benutzt wird.[79] Dabei hatte Jakob unmittelbar davor gleich dreimal durch den Begriff »dienen« sein Knechtsein in Bezug auf Laban ausgesprochen. Hier werden die Verhältnisse umgekehrt, mit einem Anflug von Ironie, wie H. Seebass meint: Laban »mokiert sich […] über den hohen Herren, dem wohl Jahwes Wirken zu Kopf gestiegen ist«.[80]

Interessant ist der Ausdruck *nichaschti* (»ich habe geweissagt/gewahrsagt«) in Labans Rede. Er hat geweissagt, vorausgedeutet, den Vorzeichen entnommen. Aber was? Die meisten Ausleger sehen in der Fortsetzung des Verses eine Beziehung zum Weissagen. Laban habe geweissagt, dass der Herr ihn um Jakobs willen gesegnet hat.[81] Das ist eine ungeheure Aussage, wenn man bedenkt, dass das Verb *nichesch* hauptsächlich in Kontexten vorkommt, wo Zauberei und Wahrsagerei in Israel verboten werden (3. Mose 19,26b; 4. Mose 23,23; 5. Mose 18,10) oder dort, wo sie betrieben werden, zum Untergang führen (2. Kön 17,17; 21,6; 2. Chr. 33,6).

Wenn in V. 27 Laban also behauptet, er habe wahrgesagt, dass Gott ihn um Jakobs willen gesegnet hat, dann ist das auf Grund der biblischen Bedeutung des Wortes *nichesch* eine gewagte Aussage. Vielleicht schwingt hier aber auch noch eine andere Deutungsnuance mit: Laban hat Wahrsagerei betrieben, und Gott hat ihn trotzdem um Jakobs willen gesegnet. Der

---

79 Vgl. H. Seebass, Vätergeschichte II, 349; C. Westermann, Genesis I/2, 586; B. Jacob, Genesis, 602.

80 H. Seebass, Vätergeschichte II, 350.

81 So z. B. G. von Rad, Das erste Buch Mose, 261; H. Gunkel, Genesis, 338; C. Westermann, Genesis I/2, 586. Anders H. Seebass, Vätergeschichte II, 349: »Die Perfekta sind ernst zu nehmen: Einst – wohl als Jakob kam – hatte Laban Vorzeichen gesucht und Jahwes Gunst um Jakobs willen gefunden.«

Segen ist nicht Labans Wahrsagekunst zuzuschreiben, sondern Gott, der das auf Grund des Verdienstes Jakobs tut.

Das Gespräch geht weiter. Laban fordert Jakob auf, seinen Preis/Lohn zu nennen. Er ist bereit zu zahlen (V. 28). Es ist immer noch nicht ganz eindeutig, worum es hier geht. Ist Laban etwa bereit, Jakobs bisherige Segen bringende Aktivität zu belohnen, oder geht es ihm darum, ihn mit der Aussicht auf Lohn für längere Zeit zum Bleiben zu bewegen und von dem um Jakobs willen gegebenen Segen weiterhin zu profitieren?

Jakobs Antwort ist umständlich und unklar. Anders hatte er in 29,18 auf Labans Frage nach dem Lohn reagiert. Dort hatte er seinen Vorschlag, sieben Jahre um Labans jüngere Tochter Rahel zu dienen, ohne Umschweife vorgebracht. Hier erinnert er Laban an dessen Besitzstand, bevor er in seinen Dienst getreten ist (V. 29). Er hält Laban vor, dass er vor seinem, Jakobs, Kommen wenig gehabt, der Herr ihn aber seinetwegen gesegnet habe (V. 30a). Was will Jakob damit erreichen? Will er sich nur teuer geben? Vordergründig strebt er jedenfalls Unabhängigkeit an, wie die Fortsetzung von V. 30 zeigt: »Und nun: Wann werde ich, auch ich, mein (eigenes) Haus aufbauen?« Das ist eine Steigerung gegenüber V. 26.[82] Jakob betont hier noch einmal mit Nachdruck, dass er seine Unabhängigkeit von Laban anstrebt, wobei aber die Möglichkeit weiterer Verhandlungen offen bleibt.

Laban spürt, dass hier noch eingehakt werden kann und muss, wenn er etwas erreichen will. »Was soll ich dir geben?« (V. 31a) fragt er, und die Frage bezieht sich

---

82 So zu Recht C. Westermann, Genesis I/2, 586.

durch die Verbform auf die Zukunft. Laban will Jakob also nicht für die vergangenen Jahre belohnen, sondern ihn weiterhin an sich binden.

»Gar nichts sollst du mir geben!« (V. 31a) antwortet Jakob auf Labans Lohnangebot. Diese Antwort kommt recht unerwartet. Will er wirklich nichts? Jakob fährt fort: »Wenn du mir folgende Sache tun wirst, werde ich umkehren, dein Kleinvieh weiden, es behüten« (V. 31b). Das ist eine Andeutung, dass Jakob doch etwas haben will. Ganz umsonst wird er Labans Vieh nicht weiden wollen. Die Forderung nimmt im Verlauf seiner Rede Gestalt an. »Ich werde heute dein ganzes Kleinvieh durchschreiten. Entferne von dort jedes gefleckte und gesprenkelte Schaf und jedes dunkle[83] unter den Schafen und gesprenkelte und gefleckte unter den Ziegen, damit mein Lohn werde« (V. 32). Diese Formulierung gibt insofern Rätsel auf, als der Bezugspunkt für den letzten Satz nicht ganz klar ist. Das Verb »sein« steht im hebräischen Waw-Perfekt. Somit zeigt es eine Folgeaktion an. Der Lohn, der Jakob »werden« soll, ist eine Folge der Aussonderung der besonders gefärbten Tiere. Das Verb steht in der 3. Person Singular maskulin, bezieht sich also nicht auf die davor aufgezählten Tiere (sonst müsste es im Plural stehen), sondern auf den Lohn. Es ist auch kaum anzunehmen, dass Jakobs Lohn in den Tieren besteht, die aus Labans Herde ausgesondert werden sollen. Das würde nur dann einen Sinn ergeben, wenn Jakob diesen Lohn gleich in Besitz nehmen und damit fortziehen würde. Aber Jakob sagt ja selbst (V. 31), dass er weiterhin Labans Herden hüten will. In der Fortsetzung des Textes (V. 35f.) wird gesagt, dass die ausgesonderten Tiere

83 *Chum* wird im Wörterbuch als »unbestimmte Farbe zw. weiß und schwarz« angegeben, HAL 285. Ich übersetze »dunkel«.

Labans Söhnen übergeben werden, die damit einen drei Tagereisen weit entfernten Weideplatz aufsuchen. Eine solche Aktion erscheint unlogisch, wenn Jakob seinen Lohn ausbezahlt haben und damit wegziehen will.

Scheinbare Widersprüche und Brüche im Text haben in der wissenschaftlichen Forschung zu verschiedenen Erklärungsversuchen geführt. So sieht z. B. H. Gunkel zwei miteinander verwobene Texte, einen, in dem Jakob einen momentanen Lohn, nämlich die aus der Herde ausgesonderten Tiere, erhält, und einen, in dem er sich den Lohn während seines weiteren Dienstes bei Laban erarbeitet.[84] Beginnt man aber, literarkritisch an dem Text zu operieren, so verliert er an Hintergründigkeit. Das ist ja gerade das Spannende an diesem Abschnitt, dass er so undurchsichtig ist. Das diplomatische Geschick der Verhandlung zeigt sich unter anderem auch daran, dass nicht immer alles eindeutig ausgesprochen wird. Es gibt m. E. keinen Grund, in V. 32 literarkritisches Handwerkzeug anzuwenden.[85]

Wenn die Variante ausscheidet, dass Jakob die ausgesonderten Tiere als Lohn in Empfang nimmt, dann ist anzunehmen, dass seine Aussage »es werde mein Lohn«[86] sich auf die Zukunft bezieht. Jakob wird die Herden Labans, nachdem die buntscheckigen Tiere ausgesondert wurden, weiden und sich seinen Lohn selbst erarbeiten. Jakob beteuert dann noch die Ehrlichkeit seines Vorschlags, indem er es freizügig Laban

---

84 Vgl. H. Gunkel, Genesis, 336 f. Ähnlich auch G. von Rad, Das erste Buch Mose, 260.

85 Vgl. auch E. Blum, Komposition, 111 ff., der den Text 30,25–43 als einheitlich ansieht.

86 B. Jacob, Genesis, 602 übersetzt »so wird sich mein Lohn schon finden«.

überlässt, am Tag der Abrechnung jedes standardfarbene Tier in Jakobs erwirtschafteter Herde als Diebesgut anzusehen (V. 33).

Jakobs Lohnforderung scheint bescheiden zu sein, da vermutlich die buntscheckigen Tiere eine Minderheit darstellten, und von einer standardfarbenen Herde auch keine große Zahl von besonders gefärbten Schafen und Ziegen zu erwarten war.[87]

Wie mag Laban eine solche Lohnforderung aufgefasst haben? Auf der einen Seite ist sie für ihn vorteilhaft, da sein Neffe anscheinend wegen der von ihm selbst gestellten Bedingungen keinen großen Gewinn zu erzielen in der Lage sein wird. Auf der anderen Seite ist aber genau das verdächtig. Was könnte dahinter stecken?

Laban willigt jedenfalls in die Forderung ein, mit etwas uneindeutigen Worten (V. 34). Was er sagt, kann entweder »Ja, es geschehe nach deinem Wort!« übersetzt werden[88] oder »ja, ja, wenn es doch nach deinem Worte ginge«.[89] Entscheidend ist das Wörtchen *lu*, das sowohl den skeptischen Wunsch »o dass doch« als auch die Bekräftigung »ja, gewiss, gut« zum Ausdruck bringen kann. Meines Erachtens sind beide Aspekte eingeschlossen. Laban willigt in einen Vertrag ein, der für ihn vorteilhaft zu sein scheint, will die Sache aber nicht aus den Augen verlieren, sondern mit Argwohn begleiten.

Das geschieht dann auch ab V. 35, wo von der Umsetzung des eben geschlossenen Vertrags die Rede

---

87 Vgl. H. J. Boecker, 1. Mose 25,12–37, 1. Isaak und Jakob, ZBK: AT 1,3, Zürich 1992, 79.

88 So die Mehrheit der Ausleger: H. J. Boecker, Isaak und Jakob, 77; C. Westermann, Genesis I/2, 583; H. Gunkel, Genesis, 339.

89 So B. Jacob, Genesis, 605.

ist. Laban selbst sondert die buntscheckigen Tiere aus seiner Herde aus (V. 35) und übergibt sie seinen Söhnen, die sie vor Jakob in Sicherheit bringen (V. 36). Laban ergreift diese Sicherheitsmaßnahme, um einem eventuellen Betrug durch Jakob vorzubeugen. Jakob selbst aber weidet Labans (nun von den ungewöhnlich gemusterten Tieren befreite) Herden und ist dabei in Bezug auf den eigenen Gewinn sehr erfolgreich. Jakob hat es nicht nötig, sich an den abgesonderten Tieren zu vergreifen. Seine Hirtentricks sind viel effizienter.

Teilweise wird der Abschnitt in der Forschung wegen der unterschiedlichen Bezeichnungen für die Tiere und der variierenden Adjektive, die ihre besondere Musterung beschreiben als überladen angesehen. Es wird daher verschiedentlich mit Zusätzen gerechnet.[90] Durch die Vereinfachung des Textes und die Reduzierung auf das für die Handlung strikt Notwendige verliert die Erzählung aber (ähnlich wie in V. 32) etwas von dem Geheimnis, das Jakobs Tun anhaftet. Seine Handlung ist trotz des in seiner Endgestalt überladen anmutenden Textes gut nachvollziehbar.

Er nimmt Zweige von drei verschiedenen Bäumen: Weißpappel, Mandelbaum und Platane. Das Wort »Weißpappel« (*libne*) klingt an den Namen Laban (»der Weiße«) an und gibt dem Leser den Hinweis, dass Jakob seinen Onkel Laban mit einem ihm entsprechenden Mittel auszutricksen versucht. An den Zweigen schält Jakob weiße (auch hier wieder der Anklang an Laban, den »Weißen«) Streifen heraus und legt sie den Tieren in die Tränkrinnen (V. 37 f.). Die sich beim

90 So z. B. G. von Rad, Das erste Buch Mose, 260 f.; C. Westermann, Genesis I/2, 585.

Anblick dieser drei Arten von präparierten Stäben begattenden Tiere werfen dreierlei buntscheckige Junge (V. 39). So einfach geht das mit diesem Kunstgriff.

Jakob wendet diesen Trick, da er ihn nun erprobt hat, immer dann an, wenn die kräftigen, gesunden Tiere brünstig sind (V. 41) – bei den schwächlichen Exemplaren lohnt sich der Aufwand nicht (V. 42) – und schafft sich auf diese Weise seine eigenen Herden (V. 40).

Die Schlussbemerkung des Erzählabschnitts weist Jakobs Lohnforderung, die anfangs wenig Erfolg versprechend aussah, als sehr intelligent aus: »Der Mann breitete sich sehr stark aus, und er besaß viel Kleinvieh, Mägde, Knechte, Kamele und Esel« (V. 43). Der besitzlose Flüchtling Jakob hat sich zum reichen Mann gemausert. Langsam beginnt er, mindestens was den Reichtum betrifft, in die Segensspur seiner Väter zu treten. Abraham war ein reicher Mann an Vieh, Silber und Gold, wie aus 1. Mose 13,2 bekannt ist, Güter, die er, wenn wir der biblischen Erzählchronologie folgen, vom ägyptischen Pharao erhalten hat als Gegenleistung für Sara, die er um ihrer Schönheit willen in sein Haus hatte holen lassen (1. Mose 12,1–10). Abimelech, der Philisterkönig von Gerar, fügt noch einiges Abrahams Reichtum hinzu als Wiedergutmachung dafür, dass er sich Sara unwissentlich fast zu eigen gemacht hätte (1. Mose 20,14). Unter ähnlichen Umständen bereichert sich auch Isaak während seines Aufenthalts im Philisterland, wohin er wegen einer Hungersnot verschlagen wird und gleich seinem Vater die Ehefrau als Schwester ausgibt (1. Mose 26). Sein Reichtum schürte den Neid der Philister, so wie nun Jakobs Reichtum, den er sich auf trickreiche, aber nicht mühelose Weise erwirbt, dem Neid der Labansöhne ausgesetzt ist (31,1).

Der Teil des väterlichen Segens, der den Wohlstand betrifft (1. Mose 27,28) kann nach der Episode 1. Mose 30,25 ff. als erfüllt gelten, wenn Jakob auch nicht wie dort verheißen Korn, Öl und Most erwirbt, sondern Kleinvieh. Die Erfüllung des Herrschaftssegens (27,29) und auch des Geburtsorakels (25,23) steht aber noch aus. Auch die göttliche Verheißung von Bet-El (28,13–15) hat sich erst teilweise erfüllt. Zwar sind schon Nachkommen da, und an Gottes Geleit fehlt es Jakob auch nicht, aber er befindet sich nicht in dem von dem Vätergott den Nachkommen verheißenen Land. Die weiteren Erzählabschnitte werden uns der Erfüllung auch dieser noch ausstehenden Segens- und Verheißungsaussagen näher bringen.

2.4.2 Jakobs Flucht und Auseinandersetzung mit Laban (1. Mose 31,1–32,1)

1. Mose 31,1–32,1 ist ein langer und sehr komplexer Textabschnitt. Viele Ereignisse folgen aufeinander und fließen teilweise ineinander. Jakob kommt zu Ohren, was Labans Söhne (sie tauchten schon in 30,35 etwas unvermittelt auf) über ihn sagen. Sie übertreiben wohl in ihrer Aussage, Jakob habe »alles, was unserem Vater gehört« (31,1), genommen, aber die Übertreibung zeigt, wie sehr sie den nun reich gewordenen Jakob beneiden. Letzterer ahnt, dass das Geflüster der Labansöhne für ihn kein gutes Vorzeichen bedeutet und will sich deshalb auch über Labans Meinung Gewissheit verschaffen. Er studiert seinen Gesichtsausdruck (»und Jakob beobachtete das Angesicht Labans«; V. 2) und stellt fest, »dass es ihm gegenüber nicht mehr wie gestern und vorgestern ist« (V. 2b). Etwas in Labans Mimik gibt Jakob zu verstehen, dass sich seine Einstellung dem Neffen gegenüber geändert hat. Dass diese Änderung zum Negativen tendiert, ergibt sich aus der

Fortsetzung der Erzählung, die allerdings in V. 3 erst einmal unterbrochen wird. Gott erteilt Jakob den Befehl, in seine Heimat zurückzukehren und verspricht ihm sein Geleit. Zu Recht wird in den verschiedenen Auslegungen immer wieder behauptet, dass dieser Vers eine der Erzählung später hinzugefügte göttliche Legitimierung der Abreise Jakobs darstellt.[91] Die logische Fortsetzung der Erzählung findet sich erst in V. 4ff. Jakob lässt seine beiden Frauen zum Weideplatz holen, um ihnen die Situation zu schildern. Er teilt ihnen seine Beobachtungen, die Veränderung in Labans Angesicht betreffend, mit, was er als zunehmende Feindschaft Labans ihm gegenüber interpretiert, indem er in Kontrast dazu aussagt: »Der Gott meines Vaters aber war mit mir« (V. 5). Dieses Mit-Sein Gottes bezieht sich freilich auf die ganze Zeit, die Jakob bei Laban verbracht hat und die für ihn zwar schwer, aber sehr ertragreich war. In der Endgestalt des Textes aber könnte die Aussage auch als Anspielung auf die zuletzt geschehene Gottesoffenbarung angesehen werden, also auf Gottes Befehl zur Heimkehr in V. 4. Diese Assoziation können die beiden Frauen nicht nachvollziehen, da sie von der Gotteserscheinung in V. 4 nichts wissen. Sie werden aus Jakobs Worten in V. 5b eher das allgemeine Mit-Sein Gottes heraushören. Der Leser aber macht diese Verbindung und weiß also von vornherein, dass das Ziel der Unterredung Jakobs mit seinen Frauen ist, sie auf die Abreise vorzubereiten. Jakob tut das in einer sehr vorsichtigen Weise. Er legt den Frauen nach und nach Argumente vor, aus denen sie selbst den Schluss ziehen sollen, dass sie bei Laban nicht mehr bleiben können.

---

91 Vgl. z. B. E. Blum, Komposition, 132; C. Westermann, Genesis I/2, 598f.

Zuerst bezieht sich Jakob auf seinen Hirtendienst bei Laban, der im vorangegangenen Kapitel ausführlich geschildert wurde. Er spricht von der zehnmaligen Änderung des Lohnes, von der in 30,25ff. nicht die Rede war, die aber zeigt, dass Laban hinter der dort festgesetzten Lohnforderung einen Betrug witterte, den er durch die Änderung dieser Abmachung zu verhindern versuchte. Allerdings, sagt Jakob, seien auch diese Maßnahmen Labans nutzlos gewesen, denn Gott habe es nicht zugelassen, dass er Jakob Böses antue (V. 7b). Ja, Gott habe Laban sogar den Besitz entrissen und ihn Jakob gegeben (V. 9). Dann erzählt Jakob, wie das geschehen ist. Er bezieht sich dabei auf die in 30,25ff. geschilderten Ereignisse, ohne aber zu erwähnen, dass er den Tieren verschiedene Stäbe in die Tränkrinnen gelegt hatte, um die Musterung der zu werfenden Jungtiere zu beeinflussen. Die Beeinflussung des Zuchtergebnisses schreibt er der Erscheinung eines Engels Gottes zu (V. 11f.).

Auf Grund dieser unterschiedlichen Darstellung derselben Tatsache könnte man hier zwei Varianten einer Erzählung annehmen, eine, in der Jakob sich Hirtentricks bedient, und eine, in der Gott bzw. Gottes Bote die Hirtentricks ersetzt,[92] aber in der heutigen Gestalt des Textes erscheint es als geschickter Schachzug Jakobs, seinen Frauen gegenüber nichts von den Tricks zu sagen, die er angewendet hat, um seine Herden zu vermehren. Sie könnten auf den Gedanken kommen, dass er dadurch ihren Vater Laban betrogen habe. Jakob aber will ihnen ja gerade das Gegenteil beweisen, dass er nämlich von Laban betrogen wurde.

Jakob zitiert weiter aus seiner Traumvision: »Ich bin der Gott Bet-Els, wo du eine Mazzebe gesalbt und für

92 So etwa G. von Rad, Das erste Buch Mose, 267f.

mich ein Gelübde abgelegt hast. Auf nun! Zieh aus diesem Land aus und kehre um in dein Heimatland!« (V. 13). Dieser Satz passt nicht mehr ganz zu V. 11, wo von einem Engel Gottes die Rede war. Dafür schlägt er eine Brücke zu 1. Mose 28,10ff., zu der Gottesbegegnung Jakobs in Bet-El. Hier, in V. 13, stellt sich Gott auch als Gott Bet-Els vor.[93] Die Salbung der Mazzebe und die Ablegung des Gelübdes werden erwähnt. Es beginnt sich einiges von dem zu erfüllen, was Gott in 1. Mose 28 verheißen hatte. Er hatte dort von einer Fülle von Nachkommen gesprochen. Daran mangelt es Jakob nicht, da er mit elf Söhnen und einer Tochter gesegnet ist. Gott hatte in Bet-El aber auch zu Jakob gesagt: »Ich werde dich zurückbringen in dieses Land« (28,15). Diese Aussage beginnt sich durch den Befehl zur Rückkehr in die Heimat zu erfüllen.

Nach der langen Rede Jakobs ist es nun an der Zeit, dass seine Frauen antworten. Erstaunlicherweise steht in der Redeeinleitung zu ihrer Antwort das erste Verb im Singular: »und es antwortete Rahel und Lea, und sie sprachen zu ihm« (V. 14a). Das ist eine grammatikalische Besonderheit, die in der Bibel auch sonst noch anzutreffen ist, wenn das Subjekt zusammengesetzt ist. Dieses Detail könnte aber auch, mit etwas Spitzfindigkeit ausgelegt, andeuten, dass die Antwort der beiden Frauen dieselbe ist. Sie sind sich einig, endlich, nach erbitterten Rivalitätskämpfen.

---

93 Der hebräische Text lässt es offen, Bet-El als Gottesnamen zu verstehen und also »der Gott Bet-El« und nicht »der Gott Bet-Els« zu lesen. Das ist nicht unmöglich, da dieser Gottesname außerisraelitisch bezeugt ist. Im Kontext unserer Erzählung scheint Bet-El jedoch eher den Ort zu bezeichnen. Vgl. dazu die ausführliche Diskussion bei E. Blum, Komposition, 186–190. Auch in der Septuaginta wird Bet-El als Ort verstanden: »Ich bin der Gott, der dir in Bet-El erschienen ist.«

Abb. 9: Dante Gabriel Rossetti (1828–1882):
Dantes Vision von Rahel und Lea

Der innerste der konzentrisch angelegten Konfliktkreise, jener zwischen Rahel und Lea, schließt sich mit der einmütigen Antwort der Schwestern. Sie beklagen sich darüber, dass sie kein Erbe mehr im Haus ihres Vaters haben (V. 14), dass sie von ihm wie Fremde behandelt werden, dass er sie verkauft und ihr Geld aufgegessen habe (V. 15). Es sind schwere Vorwürfe, die Rahel und Lea ihrem Vater hier entgegenbringen. Aber sie sind – mindestens teilweise – berechtigt. Laban hat über seine Töchter, vor allem über Lea, einfach verfügt. Er hat sie seinem Neffen vor Rahel gegeben, um noch weitere Dienstjahre von ihm herauszuschinden. Er hat sie nicht wie Töchter behandelt. Sie fühlen sich von ihm betrogen. Also sehen sie in Jakobs Reichtum eine Wiedergutmachung für das erlittene Unrecht. »All der Reichtum, welchen Gott unserem Vater entrissen hat, gehört uns und unseren Söhnen!« (V. 16a). Die Frauen greifen mit dieser Aussage V. 9 auf, wo Jakob gesagt hatte: »Gott entriss den Besitz eures Vaters und gab ihn mir.« Dort hatte Jakob den Laban entrissenen Besitz als seinen betrachtet; in V. 16 sehen seine Frauen den Reichtum als ihnen und ihren Kindern zugehörig an. Ob das eine Andeutung von Konkurrenz zwischen Jakob und seinen Frauen ist oder die Aussage nur auf die jeweilige Situation abgestimmt ist, bleibe dahingestellt.

Das Fazit der gesamten Episode ist im letzten Satz der beiden Frauen enthalten: »Alles, was Gott zu dir gesagt hat, das tue!« (V. 16b). Der Auftrag Gottes war klar: Zurück in die Heimat! (V. 3.13). Ebenso klar ist Jakobs Antwort darauf. In V. 17f. berichtet der fiktive Erzähler, dass Jakob seine Kinder und Frauen kurzerhand auf die Kamele setzt und sein ganzes Vieh für die Reise zusammentreibt. Diese Bemerkung hat abschließenden Charakter. Die Geschichte hört jedoch nicht hier auf. In Labans Haus selbst spielt sich noch der Diebstahl der Terafim ab, die dann in seiner Auseinandersetzung mit Jakob eine wichtige Rolle spielen. Es wird daher zu Recht angenommen, dass V. 17f. nicht ursprünglich zur Erzählung gehörten, sondern dass diese in V. 19 fortgesetzt wurde.[94] In der Endgestalt der Erzählung kann man V. 17f. als Vorwegnahme verstehen. Jakobs Absicht ist eindeutig. Es besteht kein Zweifel daran, dass er Haran mit Familie

94 Vgl. E. Blum, Komposition, 128f.

und Besitz verlassen will. Dann erst wird ausführlicher von den Reisevorbereitungen berichtet.

Der günstigste Augenblick für den Aufbruch ist, als Laban sich zur Schafschur begibt (V. 19a). Wie selbstverständlich wird der Satz im üblichen Erzählstil fortgesetzt: »und es stahl Rahel die Terafim, die ihrem Vater gehörten« (V. 19b). Aus mindestens zwei Gründen ist diese Aussage interessant. Auf der einen Seite liefert sie für die Fortsetzung der Erzählung ein Spannungselement. Auf der anderen Seite kommt das Wort »stehlen« vor, das im Folgenden Leitfunktion haben wird. Rahel stiehlt Terafim. Was ist das? Allein schon das Wort bereitet den Auslegern Schwierigkeiten. Es ist eine Pluralform, bezeichnet möglicherweise aber nur ein Objekt, wie es z. B. in 1. Sam 19,13 (in der Lutherbibel 1984 mit »Götzenbild« übersetzt) geschieht, wo Michal an Davids Stelle Terafim ins Bett legt, um die von Saul losgeschickten Häscher zu täuschen. Dort bezeichnet Terafim ein menschenähnliches Gebilde. Terafim werden auch als eine Art Hausgötter oder Figuren vergöttlichter Ahnen angesehen, die eine gewisse Schutzfunktion ausüben.[95] Aus unserem Text geht nicht hervor, warum Rahel die Terafim stiehlt. Hier ist die Vorstellungskraft des Lesers gefragt. Hat sie die Terafim um ihrer Schutzfunktion willen an sich genommen? Man weiß ja nie, was auf einer langen Reise geschehen kann, zumal sie ins Ungewisse geht. Oder gehören die Terafim zu Labans Wahrsageinstrumentarium, und Rahel will durch den Diebstahl verhindern, dass ihr Vater auf Grund der Terafim erfährt, wohin sie geflohen sind? Diese Ansicht vertritt Th. Mann in seinem Roman.[96] Oder ist der Terafim-

95 Vgl. O. Loretz, Teraphim.

96 Th. Mann, Die Geschichten Jaakobs, 355.

diebstahl gar ein Racheakt? Jakob hatte seinen Frauen auseinandergesetzt (V. 4–16), in welcher Weise er von Laban immer wieder um seinen Lohn betrogen worden ist. Der Terafimdiebstahl könnte im Gegenzug dazu verübt worden sein, um diesen Betrug heimzuzahlen.

Nicht nur Rahel begeht einen Diebstahl. Von Jakob wird gesagt, dass er das Herz Labans »gestohlen« habe, indem er ihm von seiner fluchtartigen Abreise nichts mitgeteilt habe (V. 20). Der Ausdruck »jemandes Herz stehlen« mag heutigen Lesern merkwürdig erscheinen. Bedenkt man jedoch, dass im hebräischen Verständnis das Herz der Sitz des Denkens und des Verstandes ist,[97] dann könnte man V. 20 sinngemäß etwa übertragen: Jakob brachte Laban um seinen Verstand. Er machte ihn verrückt, rasend. Dass das so ist, zeigt gleich der nächste Vers. Jakob ist mit den Seinen weg, über den Strom,[98] und hat sich dem Gebirge Gilead zugewendet (V. 21). Er hat drei Tage Vorsprung, denn Laban, der ja außer Haus auf Schafschur ist, erfährt erst nach dieser Zeitspanne, dass sein Neffe und Schwiegersohn geflohen ist (V. 22). Aber Laban, von Sinnen über diese Nachricht, verliert keine Zeit. Er nimmt seine »Brüder« mit (es ist nicht ganz klar, ob es sich um seine leiblichen Brüder handelt oder um andere Verwandte, möglicherweise die Söhne, die ja in 31,1 auch eine Rolle spielten), jagt den Flüchtigen sieben Tage lang nach und holt sie schließlich auf dem Gebirge Gilead ein (V. 23).

Zur Besänftigung des wütenden Laban erscheint Gott dem Aramäer im Traum und trägt ihm auf, mit

97 Vgl. S. Schroer / Th. Staubli, Die Körpersymbolik der Bibel, Darmstadt 1998, 47–49.

98 Gemeint ist wohl der Eufrat; vgl. E. Blum, Komposition, 129.

Jakob »weder Gutes noch Böses« zu sprechen (V. 24). Dass Laban davon abgehalten wird, Böses mit Jakob zu reden, ist verständlich. Warum aber soll er nichts Gutes mit ihm reden? »Wohl deshalb, weil die Wohltat der Frevler den Frommen zum Übel gereicht.«[99] Es wäre also besser, wenn Laban sich seiner Worte überhaupt enthalten würde.

Labans Gottesbegegnung in V. 24 ist eine gute Überleitung zur Auseinandersetzung zwischen Laban und Jakob, um die es ab V. 26 geht. Laban eröffnet das Gespräch mit ähnlichen Worten wie Jakob in 29,25, nachdem ihm in der Hochzeitsnacht die falsche Braut zugeführt wurde. »Was hast du getan?« (V. 26a) fragt er seinen Neffen. Die Frage ist rhetorisch, denn Laban spricht bis V. 30 unbeirrt weiter. Er bringt alle seine Anklagepunkte vor, so wie es Jakob in V. 4–16 seinen Frauen gegenüber getan hatte. Unter Aufnahme des Leitwortes »stehlen« kommt Laban seiner Hauptanklage, dem Diebstahl der Terafim, immer näher. Er wirft Jakob vor, dass er ihm das Herz »gestohlen« habe und seine Töchter wie Kriegsgefangene behandle (V. 26). Diese letzte Anklage setzt voraus, dass die Töchter unfreiwillig mitgegangen sind, was allerdings nicht stimmt, wie der Leser schon von Beginn der Erzählung weiß. Laban aber weiß nicht, dass die Frauen Jakobs Fluchtplan einstimmig beigepflichtet hatten. »Du hast mich bestohlen« (V. 27a) ist Labans zweiter Anklagepunkt, den er dahingehend ausführt, dass sein Neffe ihn um einen formellen Abschied gebracht habe. Gern hätte Laban ein Fest zu diesem Anlass veranstaltet und seine Töchter und »Söhne« (gemeint sind wohl die Enkelsöhne) zum Abschied geküsst. Törichtes Handeln wirft er Jakob vor. Dann

---

99 Babylonischer Talmud IV, Traktat Jabmuth 103 a.b.

kommt Laban auf seine nächtliche Gottesoffenbarung (V. 24) zu sprechen, auf die allein er es zurückführt, dass er Jakob nichts Böses antut (V. 29).

Trotz seiner Vorwürfe Jakob gegenüber zeigt Laban, dass er die Beweggründe seines Schwiegersohns versteht: »denn schmerzlich hat es dich verlangt nach dem Haus deines Vaters« (V. 30). Nach dieser nüchternen Feststellung rückt Laban dann endlich mit der Sprache heraus: »Warum hast du meine Götter gestohlen?« (V. 30b). Laban fragt nicht nach Terafim, sondern nach »Göttern« (*elohim*), wohl Götterfiguren, die er dann auch überall sucht.

Nun erst meldet sich Jakob zu Wort. Er antwortet zuerst auf den ersten Anklagekomplex Labans, in dem es um die Töchter und den Abschied ging. Was Laban diesbezüglich als Diebstahl bezeichnete, lässt sich leicht erklären. Jakob hat ihm die Flucht verheimlicht, weil er fürchtete, dass Laban ihm seine Frauen mit Gewalt entreißen und zurückhalten könne (V. 31). Das war nach biblischem Gesetz bei der Freilassung eines Sklaven üblich (vgl. 5. Mose 21).

Unvermittelt in Jakobs Rede ist der Übergang zur Antwort auf Labans eigentliche Anklage: »Bei wem du deine Götter findest, der soll nicht leben! Vor dem Angesicht unserer Brüder identifiziere, was dir gehört unter meinen Geräten und nimm es dir« (V. 32). So kann nur einer sprechen, der entweder keinen Diebstahl begangen hat oder eine maßlose Frechheit an den Tag legt. Jakob geht sehr weit, zu weit sogar, wie wir an gegebener Stelle noch sehen werden, mit der Androhung der Todesstrafe für den potentiellen Übeltäter. Er weiß nicht, dass er dadurch seine Lieblingsfrau in Gefahr bringt. Der fiktive Erzähler aber weiß es wohl und erinnert den Leser daran: »Jakob aber wusste nicht, dass Rahel sie gestohlen hatte« (V. 32b).

Was wird nun geschehen? Was wird mit Rahel geschehen? Die Spannung steigt mit fortschreitender Lektüre. Laban macht von Jakobs Angebot Gebrauch, seine Götter selbst zu finden. Er veranstaltet eine genaue Zeltdurchsuchung. Zuerst sucht er in Jakobs Zelt, dann bei Lea und den beiden Mägden und zuletzt bei Rahel. Die Mägde sind vermutlich in den Text von späterer Hand hinzugefügt worden, da Laban nicht erst in Leas Zelt, dann in das Zelt der beiden Mägde und dann aus Leas Zelt in Rahels Zelt gehen kann, wie die Abfolge in V. 33 nahe legt. Rahel hatte die gestohlenen Terafim in den Kamelsattel gelegt und sich darauf gesetzt (V. 34a). Als ihr Vater ihr Zelt betritt, täuscht sie Unwohlsein vor und bleibt sitzen. Laban betastet das ganze Zelt erfolglos (V. 34b). Das Verb »betasten« kommt im ganzen 1. Buch Mose nur hier und in Kapitel 27 vor. Das wird nicht zufällig sein. In 1. Mose 27 war es der alte, blinde Isaak, der den verkleideten Jakob betastete, um sicher zu gehen, dass es Esau sei. Hier betastet Laban Rahels Gerätschaften. In beiden Fällen soll dadurch Unrecht aufgedeckt werden; in Kap. 27 bevor es geschieht (Jakob war zum Zeitpunkt, als sein Vater ihn betastete, noch nicht gesegnet), in Kap. 31 nachher (Rahel hatte die Terafim schon gestohlen). In beiden Fällen sind es die Väter, die etwas herauszufinden versuchen, während ihre jeweils jüngeren Kinder (Jakob bzw. Rahel) Gefahr laufen, entdeckt zu werden. Beide Male aber kommen die Übeltäter glimpflich davon, denn weder konnte Isaak seinen Sohn (selbst wenn ihm seine Stimme verdächtig erschienen war, vgl. 1. Mose 27,22) entlarven noch Laban seine Tochter des Diebstahls überführen. Beide, Isaak und Laban, werden von ihren Jüngsten hinters Licht geführt. Jakob war verkleidet vor seinem Vater erschienen und hat ihn auf diese Weise getäuscht. Rahel täuscht Unwohlsein vor (V. 35) und hält ihren Vater davon ab, an der richtigen Stelle zu suchen. Ebenso wie er in Kapitel 27 zweimal erwähnt hatte, dass Jakob gesegnet sei (V. 23.26), stellt der fiktive Erzähler auch in 31,34.35 in Bezug auf Labans Suche zweimal fest: »er fand (die Terafim) nicht«.

Durch Labans erfolglose Suche wähnt sich Jakob nun im Recht. Er hält seinem Onkel eine lange, vorwurfsvolle Rede. Zunächst will er die Beweisstücke sehen, die Labans Diebstahlanklage unterstützen (V. 37), doch die Forderung hat rhetorischen Charakter, denn Laban hat, wie der Leser schon weiß, nichts gefunden. Dann kommt Jakob auf seinen Hirtendienst zu sprechen, auf die zwanzig Jahre, in denen er diesen Dienst gewissenhaft ausgeübt hat. Die Mutterschafe hatten in dieser Zeit keine Fehlgeburt (V. 38), von wilden Tieren Gerissenes oder bei Tag und Nacht Gestohlenes hat er ersetzt (V. 39), Hitze, Frost und Schlaflosigkeit hat er erdulden müssen (V. 40), und doch hat Laban seinen Lohn zehnmal geändert (V. 41, vgl. 31,7). Wäre Gott nicht gewesen, »der Gott Abrahams und der Schrecken Isaaks«, so wäre Jakob ebenso besitzlos gegangen, wie er gekommen war (V. 42).

Labans Antwort auf diesen Ausbruch Jakobs steht im Kontrast zur Replik der beiden Frauen auf Jakobs Rede in V. 4–16. Dort hieß es: »All der Reichtum, welchen Gott unserem Vater entrissen hat, gehört uns und unseren Söhnen« (V. 16). In V. 43 sagt Laban: »Die Töchter sind meine Töchter, und die Söhne sind meine Söhne, und das Kleinvieh ist mein Kleinvieh, und alles, was du siehst, gehört mir.« Es steht hier also Aussage gegen Aussage. Die vernünftigste Lösung dieser Pattsituation sieht Laban in einem Bundesschluss, zu dem er Jakob auffordert: »Auf, lass uns einen Bund schließen, ich und du, und er sei ein Zeuge zwischen mir und dir« (V. 44).

In V. 45 richtet Jakob eine Mazzebe auf, ebenso wie er es nach seiner nächtlichen Gottesoffenbarung in Bet-El auf der Flucht vor dem Bruder getan hatte (1. Mose 28,18). Das Aufrichten der Mazzeben rahmt Jakobs Auslandsaufenthalt. Nach diesem Akt fordert Jakob seine »Brüder« auf, Steine zu sammeln und einen Steinhaufen zu errichten, auf dem gegessen wird (V. 46). Dann wird der Steinhaufen benannt. Laban nennt ihn Jegar-Sahaduta, Jakob nennt ihn Gal-Ed (V. 47). Beides bedeutet so viel wie »Steinhaufenzeuge«, einmal auf Aramäisch, in der Sprache des Aramäers Laban (25,19; 28,5), einmal in hebräischer Sprache. Der Name wird von Laban auch erklärt: »Dieser Steinhaufen sei ein Zeuge zwischen mir und dir heute« (V. 48a). Es wird anschließend noch einmal vermerkt, dass Laban den Steinhaufen Gal-Ed, dieses Mal also bei seinem hebräischen Namen genannt habe. Möglicherweise soll dadurch unterstrichen werden, dass das aramäische Jegar-Sahaduta mit dem hebräischen Gal-Ed synonym ist. Die Ähnlichkeit zwischen Gal-Ed und Gilead, dem Ort, an dem der Steinhaufen errichtet wird, ist vermutlich kein Zufall. Die Ereignisse um den Steinhaufenzeugen (Gal-Ed) bergen eine ätiologische Sage zum Namen Gilead.[100] Interessant ist, dass Laban dann noch einen anderen Namen begründet: »Mizpa, denn er sagte: Spähen wird (*jizef*) der Herr zwischen mir und dir, wenn wir ein jeder vor dem anderen verborgen sein werden« (V. 49). Durch diese Benennung wird die Mazzebe, die Jakob in V. 45 aufgestellt hatte, mit ins Geschehen einbezogen. Das Verb *zafah* (»spähen«) klingt an *mazzeba*

100 Vgl. E. Blum, Komposition, 138.

(»Mazzebe«) an. Es wird der Mazzebe dadurch auch eine Funktion zugeschrieben. Gott aber wird nicht nur »spähen« (*zafah*), also über dem Abkommen wachen, sondern er wird auch als »Zeuge« (*ed*) angerufen. Damit stellt Gott die Verbindung zwischen Steinhaufen und Mazzebe dar.

Worüber aber soll Gott wachen? Wofür sind Steinhaufen und Mazzebe Zeugen? Laban spricht es aus: Jakob soll seinen Töchtern keine Gewalt antun und keine weiteren Frauen dazu nehmen (V. 50). Gott soll dafür zeugen, denn: »Kein Mensch ist mit uns!« (V. 50). Diese Aussage verblüfft den Leser, der mal Jakob, mal Laban von »seinen Brüdern« hat sprechen hören. Es muss für den Vertragsschluss also Zeugen gegeben haben. Vielleicht ist gemeint, dass hier eine höhere Instanz als einfach nur menschliche Zeugen über die Einhaltung des Vertrages wachen soll. Es wird übrigens die gleiche Bezeichnung, nämlich »Gott« (*elohim*) gebraucht, die schon in V. 24 und 29 vorkam. Der Gott, der Laban erschienen war und ihm geraten hatte, mit Jakob weder Böses noch Gutes zu reden, wird jetzt von Laban als Zeuge angerufen.

Nachdem der Inhalt des Vertrages feststeht, verpflichten sich beide Seiten, den Steinhaufen und die Mazzebe, die hier offensichtlich auch als Grenzmale verstanden werden, nicht in feindlicher Absicht zu überschreiten (V. 52).

Merkwürdige Gottesbezeichnungen tauchen in V. 53 auf: der Gott Abrahams und der Gott Nahors. Diese mögen zwischen den Vertragspartnern richten. Ist es derselbe Gott oder sind es zwei verschiedene, die hier gemeint sind? Die Verbform im Plural legt letztere Variante nahe. Aber andere Textzeugen (der samaritanische Pentateuch und die Septuaginta) bevorzugen die Singularform. Das würde bedeuten, dass der Gott Abrahams und der Gott Nahors derselbe ist, beweist es aber noch nicht. Diese textkritischen Varianten könnten Versuche sein, einen nicht ganz eindeutigen Text etwas zu glätten. Auch die vermutlich eingeschobene Apposition »der Gott / die Götter ihrer Väter« trägt nicht gerade zur eindeutigen Klärung bei. Dass sich der fiktive Erzähler mit dieser Bemerkung mitten in der Rede Labans zu Wort meldet, mutet unwahrscheinlich an, so dass man einen Einschub vermuten kann. Die Bemerkung fehlt in der Septuaginta auch.

Trotz der Uneindeutigkeit der Gottesbezeichnungen ist klar, dass durch die Nennung Abrahams und Nahors, der Großväter Jakobs bzw. Labans, beide Seiten gleicherweise in den Bund eingeschlossen werden.

Der geschlossene Bund muss nun noch beschworen werden. Es ist auffällig, dass nur Jakob schwört, aber es ist stimmig, denn Laban hatte ja sämtliche Vertragsbedingungen genannt. Jakob stiftet mit seinem Schwur noch mehr Verwirrung in der Uneindeutigkeit der Gottesbezeichnungen. Er schwört beim Schrecken seines Vaters Isaak. Diese Bezeichnung kam auch in V. 2 vor. Jakob weiß, welches der Gott ist, der in der ganzen Zeit bei Laban auf seiner Seite gestanden hat. Auf den schwört er nun. Der nun auch beschworene Vertrag wird mit einem Opfermahl mit den »Brüdern« noch feierlich besiegelt (V. 54). Am nächsten Morgen verabschiedet sich Laban friedlich und in aller Form von seinen »Söhnen«, wohl den Enkelsöhnen, und seinen Töchtern, die er auch segnet. Damit ist das Leitwort »segnen« auch wieder aufgenommen, das in dem Jakob-Esau-Konflikt so wichtig war und in seiner Fortsetzung noch eine erhebliche Rolle spielen wird.

Nach dieser manchmal etwas verwirrenden Episode soll noch einmal auf die Frage nach möglichen historischen Anknüpfungspunkten in den Jakobserzählungen zurückgekommen werden. Es geht hier nicht nur um eine familiäre Auseinandersetzung zwischen Jakob und Laban. Dadurch, dass Laban als Aramäer bezeichnet wird (V. 27; vgl. auch 25,20; 28,5), wird die Grenze der Familiengeschichte überschritten. Es öffnet sich die Perspektive auf die Völkergeschichte. Der Bund ist also auch ein Bund zwischen Völkern. Eines davon ist Aram, ein Volk, das um die Wende vom 12. zum 11. Jh. v. Chr. inschriftlich bezeugt ist.[101] Um das andere, dessen Repräsentant Jakob ist, liegt noch ein geheimnisvoller Schleier. Dieser wird sich bald lüften und vielleicht etwas mehr Einblick in die historischen Hintergründe der Erzählungen geben.

Jakob und Laban haben Frieden geschlossen. Nun muss der rachsüchtige Bruder Esau beschwichtigt werden.

2.5 Jakob und Esau II

Jakob befindet sich auf dem Heimweg. Viele konfliktgeladene Begegnungen und ereignisreiche Reisen liegen hinter ihm. Noch ist er aber nicht zu Hause, und ein Konflikt ist auch noch nicht beendet. Sein abenteuerlichstes und schon lange hinausgezogenes Erlebnis steht ihm bevor. Es ist die Begegnung mit dem vor Jahren um den Segen (und die Erstgeburt) betrogenen Bruder.

101 H. Donner, Geschichte des Volkes Israel und seiner Nachbarn in Grundzügen, 1. Von den Anfängen bis zur Staatenbildungszeit, Göttingen 1984, 43.

Abb. 10: Jizchak segnet Jaakow; Esaw kehrt von der Jagd zurück, Fragment aus dem Titelblatt zu Beresch der »Schocken-Bibel«, Süddeutschland, 14. Jh.

2.5.1 Vorbereitung auf die Begegnung mit Esau (1. Mose 32,2–22)

Die Lösung des am weitesten zurückliegenden Konfliktes, jenes zwischen Jakob und Esau, steht noch aus. Nach der langen Zeit, die Jakob bei Laban verbracht hat, könnte man meinen, die Sache habe sich verjährt. Aber mindestens Jakob sieht das anders. Die Begegnung mit dem Bruder macht ihm Angst. Der Betrug an Esau ist ihm so präsent, als habe er ihn eben erst begangen. Es gibt viele, im Bibeltext unausgesprochene Fragen, die Jakob beschäftigen. Wie wird Esau sich verhalten? Wird er seinem Bruder verzeihen oder wird er den vor Jahren geschworenen Racheakt (1. Mose 27,41) vollziehen? Wie soll Jakob seinem Bruder gegenübertreten? Wird ein friedliches Zusammentreffen überhaupt möglich sein?

Mit solchen Gedanken mag Jakob nach dem Bundesschluss mit seinem Onkel seines Weges gezogen sein. Doch was ihn erwartete, hätte er sich nicht einmal im Traum ausdenken können. Worauf er zuerst trifft, ist nämlich gar nicht der gefürchtete Bruder, sondern eine Schar göttlicher Wesen (32,2f.): »Jakob aber ging seines Weges. Da trafen auf ihn die Boten Gottes. Und Jakob sprach, als er sie sah: Das Lager Gottes ist das! Und er nannte jenen Ort machanaim.«

Auf den ersten Blick macht diese kurze Episode einen nicht ganz verständlichen und vielleicht auch etwas den Erzählzusammenhang störenden Eindruck. Es scheint eine Notiz zu sein, die nur den Sinn hat, den Namen Machanaim zu erklären. Der Ortsname leitet sich von dem *machane elohim* (»Lager Gottes«) ab, das Jakob zu sehen bekommt. Weiter geschieht nichts. Keiner der Boten Gottes spricht Jakob an. Es gibt keine Verheißung, keinen Segenszuspruch, kein Versprechen des Geleits für den schweren Weg, der Jakob bevorsteht. Und doch hat diese kurze Notiz für die folgenden Ereignisse große Bedeutung. Hier stehen schon die Leitworte der Erzählung drin. Im Grunde genommen ist Jakobs Begegnung mit den Boten Gottes in Machanaim eine vorwegnehmende Einführung dessen, was zu geschehen sich anschickt. Wir wollen diese Vorwegnahme erst einmal als Andeutung und Hinweis auf das Folgende hier stehen lassen und auf dem Entschlüsselungsweg durch die folgende Erzählung wieder einen erhellenden Blick auf die Machanaim-Szene zurückwerfen.

Ohne Überleitung und doch in engem Zusammenhang mit Jakobs Erlebnis in Machanaim wird berichtet, dass Jakob Boten zu seinem Bruder geschickt habe. Das Wort für Jakobs Boten ist im Hebräischen dasselbe wie das für die Boten Gottes von Machanaim. Vielleicht hat die Machanaim-Szene Jakob den Gedanken an die Botenaussendung eingegeben. Das ungewöhnliche Widerfahrnis des Heimkehrers gewinnt, so betrachtet, allmählich Sinn. Mit einem stummen Hinweis hat Gott durch seine Boten einige von Jakobs

Fragen beantwortet. Er weiß nun, wie er die Begegnung mit dem Bruder angehen soll. Er sendet Boten aus zu Esau, seinem Bruder, ins Land Seïr, in das Gefilde Edoms (32,4). Es fällt auf, wie genau hier das Ziel der Boten und der Adressat der Botschaft angegeben werden. Der Erzähler lässt keinen Zweifel darüber aufkommen, dass wirklich dem vor Jahren gekränkten Bruder die Botschaft zugestellt wird. Ja, sie wird ihm bis nach Seïr, in das Gefilde Edoms gebracht, obwohl dieser Landstrich etwas abseits von Jakobs Reiseweg liegt und er eigentlich an seinem Bruder unbemerkt vorüber ziehen könnte. Er tut es aber nicht. Jakob will und muss Gewissheit darüber erlangen, wie es um das Verhältnis zu dem Bruder steht. Er muss Gewissheit haben, dass auch dieser letzte, schon lange ruhende und doch noch schwelende Konflikt zwischen ihm und Esau endlich gelöst wird. Freilich fürchtet er den Ausgang dieser Begegnung, wie die gesamte Erzählung im Folgenden noch zeigen wird, aber er stellt sich dem Risiko.

Aus dem Wortlaut der Botschaft, die Jakob seinem Bruder übersendet, ist die Bitte um Wiedergutmachung herauszuhören. Jakob bezeichnet sich in der Eröffnung der Botschaft Esau gegenüber als Knecht, diesen aber als Herrn. Das hört sich doch sehr anders an als die Verheißung des Geburtsorakels, in der es hieß, dass der Ältere dem Jüngeren dienen werde (1. Mose 25,23). Auch der Segensspruch, den der als Esau verkleidete Jakob von seinem Vater zugesprochen bekam, verhieß ihm seinerzeit, dass seine Brüder sich vor ihm beugen und ihm untertan sein werden (27,29). Jakob kehrt diese Verheißungs- und Segensaussagen um. Er stellt sich als Knecht dar, ja sogar als einer, der bei Laban als Fremdling gelebt hat und nicht etwa als Verwandter.

Der Ausdruck »ich habe mich verspätet, bin zurückgeblieben« (32,5) passt gut zu Jakobs Demutsbezeugungen. Er lässt durchblicken, dass er später kommt. Das impliziert, dass ein früheres Kommen geplant war. Jakob kommt später als er hätte kommen wollen oder sollen. »Einige Tage«, von denen Rebekka gesprochen hatte, als sie ihrem »kleinen« Jakob die Flucht nahe legte (27,44), haben sich schon längst verjährt – im wahrsten Sinne des Wortes. Jakob war allerdings in dieser Verlängerungszeit seines Auslandsaufenthalts nicht untätig. Er ist zu einem reichen Mann geworden, mit ansehnlichem Groß- und Kleinviehbesitz, der eine ganze Reihe von Bediensteten beschäftigt. Wohlweislich lässt Jakob seinem Bruder nicht sagen, auf welche Weise er mindestens zum Teil seinen Besitz erworben hat. Der Leser erinnert sich noch gut an die erst vor kurzem berichtete Episode über die Manipulation der Zuchtergebnisse durch Stäbe und daran abgeschälte weiße Streifen (1. Mose 30). Esau braucht das nicht zu wissen. Er soll nicht auf den Gedanken gebracht werden, dass Jakob nicht nur den Segen, sondern auch den Viehbesitz trickreich an sich gebracht hat. Was Esau aber wohl angeht, ist die Tatsache, dass Jakob in seinen Augen Gnade zu finden hofft. Wie er das erreichen will? Zunächst einmal durch seine demütige und doch recht hintergründige Mitteilung von seiner unterwürfigen Beziehung zu dem Bruder, von seiner Fremdlingschaft bei der Verwandtschaft Labans und von seinem Viehbesitz, der, wie er Esau sagen lässt, zu seinem Besitz »wurde«.

Ein Wort in Jakobs Botschaft verdient besondere Beachtung. Wenn Esau zwischen den Zeilen lesen kann, dann wird er ahnen, worauf Jakob hinaus will. »Ich will doch senden« (*eschlachah*) (32,6) hängt in der Esau zu überbringenden Botschaft in der Luft. Das Objekt zu diesem Verb fehlt. Nach der Verbform zu urteilen, ist ein zukünftiges Senden im Blick. Das Wort kann sich also kaum auf die Gesandtschaft beziehen, die Jakob gerade losschickt. Wenn man allerdings den Zusammenhang dieser grammatikalischen Eigenheit berücksichtigt, dann kann man ahnen, welches Jakobs Absicht ist. Was Jakob zu senden gedenkt, ist wohl nichts anderes als ein Teil seines Besitzes, der ihm bei Laban zuteil geworden ist. Und der Zweck dessen, was er zu senden gedenkt, ist, Gnade vor seinem Bruder zu finden. Dass dies in Jakobs Absicht liegt, bestätigt der weitere Verlauf der Erzählung, die vorher aber noch auf ein Spannungsmoment zusteuert.

Es wird sehr gerafft erzählt, was die Spannung intensiviert, weil sie plötzlich auftritt. Es wird nicht berichtet, dass die Boten zu Esau aufgebrochen seien, auch nicht, wie lange ihre Reise dauerte und was sie Esau genau ausgerichtet haben. Berichtet wird lediglich, dass die Boten zu Jakob zurückkehren und ihm die Nachricht überbringen, dass Esau seinem Bruder mit 400 Mann entgegenzieht (32,7). Es ist eine Nachricht, die Jakob keineswegs begeistert, sondern tief erschreckt. 400 Mann! Das sieht nach einem Feldzug aus. Jakob wird von Furcht ergriffen. Aber die Furcht lähmt ihn nicht in seiner Urteilskraft und Handlungsfähigkeit. Er weiß, was zu tun ist. Dieses Wissen schöpft er – wie schon den Gedanken der Botenaussendung zu Esau – aus der Machanaim-Szene. Dort nannte er den Ort der wundersamen Engelerscheinung Machanaim. Der Name ist eine Dualform des Substantivs *machane* – »Lager«, auch »Heer- bzw. Kriegslager«, bedeutet also so viel wie »Doppellager / zwei Lager«. Von dieser Machanaim-Erfahrung her entwirft Jakob den strategisch wichtigen Plan, seinen Besitz in zwei Lager zu teilen. Jakob nimmt selbst sofort die Ausführung dieses Plans in Angriff. Die Überlegung, die ihn dazu bewegt, ist einfach: Wenn Esau mit seinen 400 Mann das eine Lager angreift, so wird das andere vielleicht doch zu retten sein (32,9).

Jakob verlässt sich in seiner vermeintlichen Not nicht nur auf seine eigenen helfenden Ideen, sondern zieht Gott, seinen ständigen Begleiter, im Gebet zu Rate, ja sogar zur Verantwortung. Es ist nicht zufällig, dass Jakobs Gebet (32,10–13) als deuteronomistisch und also sekundär in seinem heutigen Kontext angesehen wird.[102] Trotzdem passt es gut an diese Stelle. In dem Augenblick, in dem sich Jakob in höchstem Maße gefährdet sieht, wendet er sich an Gott. Vor Gott wie schon in der Botschaft an Esau stellt sich Jakob demütig dar, unter Hervorhebung der Gnadenerweise Gottes, die er, Jakob, gar nicht verdient habe (V. 11). Er erinnert Gott aber auch an seine Versprechungen: an die Zusage der Rückkehr in die Heimat, an das Versprechen, seinem Schützling Gutes zu tun und an die Verheißung der Nachkommen wie Sand am Meer. Abgesehen von der Zusage der Rückkehr in die Heimat, die Jakob tatsächlich zu Beginn seiner Fluchtgeschichte erfahren hat, entstammen die anderen Versprechungen Gottes, an die Jakob ihn hier »erinnert«, nicht dem Kontext der früheren Jakobserzählungen. Nachkommen wie Sand am Meer wurden Jakob nie versprochen, wohl aber seinem Vorvorgänger Abraham (1. Mose 22,17). Das ist ein möglicher Hinweis darauf, dass Jakobs Gebet nicht ursprünglich in seinem Kontext ist. Nichtsdestotrotz verstärkt Jakobs Monolog vor Gott die Dramatik der Szene. Alles führt Jakob an, um Gott zum Eingreifen zu bewegen. Zwischen die Erinnerung an Gottes Versprechungen und

102 Vgl. z. B. E. Blum, Komposition, 143.

Verheißungen setzt Jakob seine eigentliche flehentliche Bitte:

»Rette mich doch aus der Hand meines Bruders, aus der Hand Esaus, denn ich fürchte ihn, dass er nicht etwa komme und mich schlage, die Mutter samt den Söhnen« (32,12).

Es fällt auf, dass in Jakobs Bitte einige Verwandtschaftsbezeichnungen vorkommen: Bruder, Mutter, Söhne. Sollte das auf Jakobs Verzweiflung zurückzuführen sein? Der Familie droht Gefahr von einem Familienmitglied. Der eigene Bruder ist im Begriff, sich über Jakob herzumachen und dabei weder Mütter noch Kinder zu verschonen. Gott muss eingreifen! Es könnte sonst mit einem Schlag alles verloren sein, alles, was Jakob sich mit Hilfe und unter dem Schutz Gottes in mühevoller Kleinarbeit erworben hat. Das kann Gott einfach nicht zulassen, der selbst dafür gesorgt hat, dass Jakob, der nur mit seinem Wanderstab »diesen Jordan«[103] überquert hatte, ein reicher Mann geworden ist.

Nach Jakobs Gebet tritt ein Ruhemoment in die Erzählung ein. Die Ruhe dauert aber nur so lang wie die vier hebräischen Wörter gelesen werden: »Er aber übernachtete dort in jener Nacht« (V. 14a). Dann geht die Hektik wieder los. Jakob ist unermüdlich dabei, seine Ideen der Rettung vor der Bedrohung des Bruders in die Tat umzusetzen. Jetzt erst wird deutlich,

---

103 Jakob steht am Jabbok und nicht am Jordan, was oft zu literarkritischen Operationen Anlass gibt. Die geographische Angabe »dieser Jordan« wird mitsamt Jakobs Gebet als deuteronomistisch betrachtet und als sekundär aus dem Kontext ausgeschlossen. Möglich ist es, den Jordan als psychologische Grenzsituation anzusehen. Bei seiner Flucht vor dem Bruder hat Jakob diese Grenze überschritten. Nun steht ihm bei seiner Rückkehr auch eine solche Überquerung des »Jordan« bevor.

was »ich will doch senden« in V. 6 für eine Bedeutung hat. Ein »Geschenk« (*minchah*) will er seinem Bruder schicken (V. 14b). Angesichts der Lage, in der sich Jakob befindet, die nach einer kriegerischen Auseinandersetzung aussieht, schimmern in dem Wort *minchah* auch andere Bedeutungen als »Geschenk« durch. *Minchah* bezeichnet außer dem Geschenk auch eine Opferart. Das legt den Gedanken nahe, dass Esaus Zorn durch dieses Opfer beschwichtigt werden soll. *Minchah* ist aber auch der Tribut. Diese Bedeutung des Wortes wirft auch ein Licht auf das Verhältnis Jakobs zu seinem Bruder, zumindest wie Jakob es versteht. Er sieht sich als Untergebener seines Bruders an, als sein Vasall, der durch die Darbringung eines Tributs dessen Gnade zu erlangen sucht. Jakobs Geschenk – das Geschenk eines Untergebenen an seinen Vorgesetzten – ist ein großzügiges Geschenk: 200 Ziegen und 20 Ziegenböcke, 200 Mutterschafe und 20 Widder, 30 säugende Kamele mit ihren Jungen, 40 Kühe und 10 Stiere, 20 Eselinnen und 10 Esel. Das ist weit mehr als eine kleine Aufmerksamkeit, auch mehr als eine gute Grundlage für den Aufbau einer eigenen Viehwirtschaft. Es ist der Versuch, den vor langer Zeit erschlichenen Segen – Segen hat in der Bibel immer mit Kinderreichtum und Wohlstand zu tun – zurückzugeben. Das wird später im Text auch durch die Wortwahl noch deutlicher zum Ausdruck gebracht. Hier ist es erst einmal die beeindruckende Zahl der Tiere, die einen solchen Gedanken nahe legt.

Über die Art der Darbringung des Geschenks macht Jakob sich ebenfalls Gedanken. Die Tiere teilt er nach ihren Arten in Herden, die er einzeln seinen Knechten übergibt. Diesen gibt er auch eine neue Botschaft an Esau mit. Jedem einzelnen von den Knechten schärft er genau ein, was er dem Bruder auszurichten hat. Wenn Esau fragen wird: »Wem gehörst du? Wohin gehst du und wem gehören diese (Tiere) vor dir?« (V. 18), sollen die Knechte die immer gleiche Antwort geben: »Deinem Knecht, dem Jakob. Ein Geschenk/Tribut/Opfer (*minchah*) ist es, gesendet meinem Herrn, dem Esau. Und siehe, auch er (Jakob) kommt hinter uns« (V. 19). Dieser letzte Satz der Botschaft »siehe, auch er kommt hinter uns« wird in einem an den Leser gerichteten Kommentar Jakobs, der auf den Bericht über die Beauftragung der Knechte folgt, genauer erklärt: »Ich will ihn doch versöhnen (wörtlich: »sein Angesicht zudecken«) mit dem Geschenk, das vor meinem Angesicht her zieht. Danach aber werde ich sein Angesicht sehen. Vielleicht wird er mein Angesicht erheben« (V. 21b). Das Wort »Angesicht« wird hier spielerisch verwendet und appelliert an die Vorstellungskraft des Lesers. Das Versöhnen Esaus, wörtlich als Zudecken seines Angesichts beschrieben, könnte zu der Betrugsgeschichte in Kap. 27 in Beziehung gesetzt werden. Jakob versucht durch das reiche Geschenk das Angesicht Esaus zuzudecken, ihn in gewisser Weise also blind zu machen, so dass dieser in seinem Bruder Jakob nicht mehr den Betrüger von damals erkennt, an dem er sich rächen will, sondern im Gegenteil Gnade walten lässt, sein Angesicht erhebt, ihm also verzeiht.

Die Vorbereitung des üppigen Geschenks ist nun abgeschlossen. Das Geschenk zieht vor dem Angesicht Jakobs her vor das Angesicht Esaus. Jakob aber verbringt jene Nacht im Lager (V. 22). Das Leitwort »Angesicht« von vorhin wird hier weitergeführt. Hinzu kommt aber noch das Wortspiel *minchah* (»Geschenk«) – *machane* (»Lager«), das einen doppelten Aspekt der Vorbereitungen zur Begegnung der Brüder zum Ausdruck bringt. Auf der einen Seite geht es einfach um das Nachtlager eines mit Familie und Besitz Wandernden und um das harmlose Geschenk, das er seinem Bruder entgegenschickt. Auf der anderen Seite aber steckt die kampfbereite Spannung in den Wörtern *minchah* und *machane*, wenn man sie in ihrer Bedeutung als Tributleistung bzw. als Heerlager ernst nimmt.

Jakob ist zweifellos die aktivste Figur in dem hektischen Treiben, das hier geschildert wird. Er entwirft Pläne, sendet Boten aus, verteilt seinen Besitz, fleht in seiner Not zu Gott, richtet Geschenke für seinen Bruder her, erteilt Befehle, entlässt Geschenkherden und Knechte und begibt sich dann erst zur Ruhe.

Mit annähernd den gleichen Worten wie in V. 14 wird in V. 22 festgehalten, dass Jakob jene Nacht im Lager verbracht habe. Das ist für manche Ausleger ein klares Indiz für eine Doppelung, die sie in V. 4–14a bzw. V. 14b–22 sehen.[104] Dass Jakob zuerst Boten zu Esau sendet und dann noch einmal Knechte mit den Geschenkherden, sehen manche Forscher als inkompatibel an. Allerdings gibt es ganz zu Recht auch Gegenstimmen.[105] Dass zweimal gesagt wird, Jakob habe jene Nacht im Lager verbracht, muss nicht dahingehend verstanden werden, dass zweimal über den Einbruch der Nacht berichtet werde. Man hat also in V. 22 keine Dublette zu V. 14 zu sehen, sondern eher eine Wiederaufnahme. Die Aussage in V. 14 bzw. 22 bringt jedes Mal die Handlung zum Ruhen, aber sie steigert die Spannung, denn die Ruhe der Nacht deckt sich nicht mit der inneren Ruhe des Haupthelden. Vielmehr wird Jakob, innerlich unruhig, zu reger Aktivität getrieben. Das Gebet zu Gott (V. 10–13) ist eben-

---

104 Vgl. z. B. H. Gunkel, Genesis, 356 ff.

105 Vgl. z. B. E. Blum, Komposition, 143.

falls ein Ruhepunkt in der Erzählung, der aber bald beendet ist, weil Jakob, so weit es an ihm liegt, nichts unversucht lassen will, um der Rache seines Bruders zu entgehen. Selbst die Ruhe, die eintritt, nachdem sich die Geschenkherden auf den Weg gemacht haben, ist nicht die Widerspiegelung der inneren Ruhe Jakobs. Kaum wird ausgesprochen, dass Jakob jene Nacht im Lager verbrachte (V. 22), geht es mit dem hektischen Treiben von vorne los. Es ist kein Wunder, dass Jakob nicht ruhig schlafen kann bei der Begegnung, die ihm in der finsteren Nacht bevorsteht.

2.5.2. Der Kampf am Jabbok (1. Mose 32,23–33)

Es geschieht viel in der geheimnisvollen Nacht vor dem großen Tag der Begegnung der beiden Brüder. Jakobs Wanderlager wird zum Doppellager, für die Eventualität eines Kampfes vorbereitet. Die Beschwichtigungsgeschenke an Esau sind mit genauen Anweisungen losgezogen. Nun könnte Ruhe eintreten. Doch es ist noch nicht alles getan.

Mitten in der Nacht kümmert sich Jakob um seine Familie. Die scheint keinem der beiden Lager zugeteilt worden zu sein. Nun muss für die Sicherheit der Frauen und Kinder in besonderer Weise gesorgt werden. Jakob nimmt seine Frauen und Nebenfrauen und seine elf Kinder – die Tochter Dina wird hier offensichtlich nicht mitgezählt, sonst wären es zwölf (Ein weiterer möglicher Hinweis darauf, dass die Notiz über Dinas Geburt in 1. Mose 29,21 ein Nachtrag ist) und bringt sie über den Jabbok (32,23 f.). In relativ umständlicher Weise wird diese Aktion beschrieben. Zweimal wird berichtet, dass Jakob die Seinen hinübergebracht habe.

Plötzlich erscheint wie aus dem Nichts ein Mann und ringt mit ihm bis zum Morgenrot. Wer ist der

Abb. 11: Max Beckmann: Jakob ringt mit einem Engel

Mann? Wo kommt er her? Wird hier ein Überfall geschildert? Was spielt die Morgenröte für eine Rolle?

Als Leser wird man hier enttäuscht, denn alle diese Fragen bleiben zunächst unbeantwortet. Auch die Fortsetzung der Episode wirft eher Fragen auf, als dass sie Klarheit schafft. Aber gerade dadurch bleibt die Erzählung spannend. Personalpronomina und Pronominalsuffixe der 3. Person maskulin Singular treten in V. 26 gehäuft auf, so dass man nicht von vornherein ausmachen kann, wer von den beiden feststellt, dass er dem anderen nicht beikommen kann bzw. wer wen schlägt. Diese Uneindeutigkeit passt hervorragend zu der finsteren Nacht, in der sich das Ganze abspielt. Der Leser wird in die dunkle, geheimnisvolle Atmosphäre hineingenommen und kann, wenn auch nur schemenhaft, den Kampf mit verfolgen.

Der Schleier wird etwas gelüftet durch einen Kommentar, der wie zur Aufklärung des Lesers fällt: »Da verrenkte sich das Hüftgelenk Jakobs, während er mit ihm kämpfte« (V. 26b). Also ist Jakob der Geschlagene. Das heißt, er ist der, dem der Mann nicht beikommen konnte. Irgendwo schimmert hier so etwas wie der Sieg des Geschlagenen durch. Das wird noch deutlicher aus den folgenden Versen, in denen der Ringkampf in ein Wortgefecht übergeht. Der Mann will gehen, weil die Morgenröte anbricht (V. 27a). Jakob aber, der Geschlagene, stellt eine Bedingung, um den Mann zu entlassen: »Ich lasse dich nicht, du segnest mich denn« (V. 17b).

Wieder gibt es Fragen beim Leser: Wieso geht der Mann nicht einfach, nachdem er seinen Gegner auf die Hüfte geschlagen hat, sondern bittet ihn sogar noch, entlassen zu werden? Was bezweckt Jakob, indem er dem fremden Kämpfer einen Segen abverlangt? Was für ein Segen könnte das sein? Und wieder: Was besagt die Morgenröte?

Die knappe Erzählung weicht im nächsten Wortwechsel scheinbar vom Thema Segen ab. Der Mann fragt Jakob nach seinem Namen und vollzieht seine Umbenennung: »Nicht Jakob soll dein Name forthin genannt werden, sondern Isra-El, denn du hast mit Gott (*elohim*) und mit Menschen gekämpft (*sarita*) und hast es geschafft« (V. 19b). Als Jakob nach dem Namen des geheimnisvollen Mannes fragt, antwortet dieser mit der Gegenfrage: »Warum fragst du nach meinem Namen?« (V. 30b). Jedenfalls ist die Folge dieser mysteriösen Angelegenheit, dass Jakob von dem Fremden gesegnet wird (V. 30b).

Das Fragen nimmt in dieser kurzen Erzählung kein Ende: Was für eine Autorität und Macht besitzt der Mann über Jakob, dass er so ohne weiteres einen Namenwechsel an ihm vollziehen kann? Man kann freilich sagen, dass der neue Name der Situation angemessen ist. Jakob hat heldenhaft gekämpft, sich in einer gefahrvollen Situation bewährt, und erhält nun einen Ehrennamen. Aber warum verleiht ihm ausgerechnet sein Kampfgegner diesen Namen? Und was sagt der Name selbst, Isra-El – »Gottesstreiter/Gotteskämpfer«, über den Gegner aus? »Mit Gott und mit Menschen gekämpft« – was heißt das? Warum gibt der Fremde seinen Namen nicht preis? Und womit segnet er Jakob denn?

Nach der nüchternen Feststellung: »Und er segnete ihn dort« (V. 30b) wird der Mann, gegen den Jakob gekämpft, mit dem er gesprochen, von dem er umbenannt und gesegnet wurde, nicht mehr erwähnt. Er verschwindet einfach ins Nichts, so wie er aus dem Nichts aufgetaucht war.

Die Geschichte bietet noch die Benennung der Kampfstätte durch Jakob. Peniel[106] soll der Ort heißen, »denn: Ich habe Gott von Angesicht zu Angesicht gesehen, und mein Leben ist gerettet worden« (V. 31b). Was soll der Leser aus dieser Deutung, die Jakob dem Ortsnamen gibt, verstehen? In welchem Verhältnis steht der Ortsname zum neuen Namen Jakobs, Israel?

---

106 Der Ortsname heißt wahrscheinlich Penuel. In dieser Form ist er auch in einer Inschrift bezeugt, vgl. S. C. Layton, Archaic Features of Canaanite Personal Names in the Hebrew Bible, Harvard Semitic Monographs 47, Atlanta 1990, 75. Dass in unserem Text Peniel steht, ist wohl darauf zurückzuführen, dass das Wortspiel mit dem »Angesicht Gottes« (*pene elohim*) deutlicher wird.

»Und es ging ihm die Sonne auf, als er an Penuel vorüber ging, er aber hinkte an seiner Hüfte« (V. 32). Da hinkt er nun davon, der mit Segen Geschlagene, ins Licht eines neuen Tages, ja des besonderen Tages, an dem er seinem Bruder begegnen wird. Ende der Episode.

Aber doch nicht ganz. Es gibt noch einige Sätze, die deutlich als Nachtrag zu erkennen sind. Die folgende Ätiologie trägt zum Verlauf der Handlung nichts bei, sondern unterbricht vielmehr den Erzählzusammenhang und erklärt eine Speisesitte der Israeliten. Weil Jakobs Hüftpfanne sich in diesem bemerkenswerten Kampf verrenkte, essen die Kinder Israels den Hüftnerv nicht »bis auf diesen Tag« (V. 33). Speisegebot und Jabbokkampf haben auf den ersten Blick nichts miteinander zu tun. Lediglich das Wort »Hüfte« verbindet die beiden doch so unterschiedlichen Bereiche. Es ist auch höchst ungewöhnlich, dass ein Speisetabu, das sich evident auf das Verbot des Genusses eines bestimmten Teils von Tierfleisch bezieht, zu einem Ereignis in Zusammenhang gebracht wird, in dem überhaupt kein Tier vorkommt.

Trotz der unzweifelhaften Erkenntnis, dass man es in V. 33 mit einem Nachtrag zu tun hat, kann man sich die Frage stellen: Was bedeutet es für diesen Text, dass er ausgerechnet an dieser Stelle der Bibel steht und nicht etwa innerhalb der weiteren biblischen Speisegebote und -verbote?

Das Stück, das nicht gegessen werden darf, ist besonders. Das würde bedeuten, dass Jakobs Verletzung besonders ist. Was ist der Grund dafür? Und worin äußert sich die Besonderheit der Hüftverletzung? Steht sie vielleicht im Zusammenhang mit der Identität dessen, der sie Jakob zugefügt hat?

Abb. 12: Jabbok

Jakob am Jabbok ist eine Erzählung, die die Mitarbeit des Lesers in besonderer Weise herausfordert. Die Erzählung lässt zum Mitdenken und Fragen Raum frei. Eine der Fragen, deren Beantwortung einige weitere Schwierigkeiten beheben könnte, ist jene nach der Art des Textes. Was haben wir hier vor uns? Einen Bericht? Ein Märchen? Eine reale Begebenheit oder ein Seelenerlebnis?

Viele Ausleger nehmen an, dass unserer Erzählung eine alte Sage zu Grunde liegt, die davon handelte, dass ein Flussdämon Wanderer an der Furt überfiel, um sie an der Überquerung des Flusses zu hindern.[107] Diese Sage sei erst nachträglich mit Jakob in Verbindung gebracht worden, etwa in der frühen Königszeit.[108] Die alte Sage erkennen die Ausleger in einigen besonderen Zügen des Textes. Der Mann, der Jakob angreift, will seinen Namen nicht nennen und ist be-

107 Vgl. z. B. C. Westermann, Genesis I/2, 629; W. Dietrich, Jakobs Kampf am Jabbok (Gen 32,23–33), in: J. D. Macchi / Th. Römer (Hrsg.), Jacob, 197–210, hier 200.

108 W. Dietrich, Jakobs Kampf, 201, nimmt die Zeit Jerobeams I. (927–907 v. Chr.) an.

strebt, bei Anbruch der Morgenröte zu verschwinden.[109] Das erste der beiden Argumente verliert etwas von seiner Stichhaltigkeit, wenn man Ri 13,18 hinzuzieht, wo ein Engel des Herrn und nicht etwa ein Dämon die Preisgabe seines Namens mit genau derselben Gegenfrage verweigert, wie es der fremde Mann in unserer Geschichte tut: »Warum fragst du nach meinem Namen?«

Es gibt in der Forschung allerdings auch die Auffassung, dass der Text zwar archaisch wirke, dennoch aber keine alte Sage sei, die in die Jakobserzählung integriert wurde, sondern dass die Erzählung auf ihren Kontext hin neu verfasst wurde.[110] Das schließt nicht aus, dass Sagenelemente in die Ausgestaltung der Erzählung eingeflossen sein können. Es ist aber doch auffällig, wie viele Bezugspunkte die Erzählung vom Jabbokkampf zu ihrem näheren und weiteren Kontext aufweist.[111] Dazu gehören Leitworte, die über die Erzählung hinausweisen: »Angesicht« (8 Mal in 32,21.22.31; 33,10) und »vorübergehen/überqueren« (9 Mal in 32,11.17.22.23.24.32; 33,3.14). Der Segen verbindet thematisch die Penuel-Szene mit den weiteren Jakobserzählungen. Man kann in 1. Mose 32,23ff. in gewissem Maße eine Kontrastparallele zu Kap. 27 sehen. Dort hatte sich Jakob des Segens unrechtmäßig bemächtigt, seine Mutter als Drahtzieherin im Hintergrund. Hier muss er sich den Segen im wahrsten Sinne des Wortes erringen. Dunkel ist es in beiden Geschichten. Isaak konnte von Jakob betrogen werden, weil seine Augen sich verdunkelten, er also nicht

---

109 Vgl. dazu als Charakteristikum für einen Dämon C. Westermann, Genesis I/2, 627.

110 Siehe dazu E. Blum, Komposition, 143f.

111 Vgl. dazu E. Blum, Komposition, 143ff.

erkennen konnte, wen er vor sich hatte. Jakob wird am Jabbok in der Finsternis der Nacht überfallen. Der Bruder ist in beiden Fällen präsent, wenn auch nicht unmittelbar, so doch gefährlich. In der Betrugsgeschichte war er gerade auf der Jagd, hätte Jakob aber jeden Augenblick unangenehm überraschen können. Am Jabbok ist Jakob das Bild des rachsüchtigen Bruders, der mit 400 Mann unterwegs ist, gegenwärtig. Die direkte Begegnung steht noch seit der Betrugsgeschichte aus.

Alle diese deutlichen Beziehungen der Kampfszene zu den weiteren Erzählungen über den Erzvater Jakob lassen den Schluss zu, dass hier ein Text verfasst wurde, der auf die Gesamterzählung abgestimmt ist, vielleicht tatsächlich unter Zuhilfenahme einer uralten Sage. Aber die kunstvolle Verflechtung der Themen und Motive macht aus dem Bestreben, den ursprünglichen Wortlaut dieser vermeintlichen Sage zu rekonstruieren, ein wenig lohnendes, wenn nicht gar unmögliches Unterfangen.[112] Die Erzählung ergibt auf jeden Fall in ihrem Kontext Sinn, und diesem gilt es nun an Hand einiger der schon gestellten Fragen nachzuspüren.

Die wichtigste und auch dringendste Frage ist jene nach der Identität des Mannes, der Jakob überfällt. Er wird in der Erzählung selbst ausdrücklich nicht näher bestimmt. Kein Name wird genannt. Er selbst gibt sich

---

112 Vgl. z. B. den Versuch von J. P. Floß, Wer schlägt wen? Textanalytische Interpretation von Gen 32,22–33*, BN 20/21, 1983, der eine vorliterarische Erzählung ausfindig macht, in der das göttliche bzw. dämonische Wesen im Kampf unterliegt. Das Verhältnis zwischen Sieger und Besiegtem sei erst in der literarischen Phase der Erzählung, in der auch die Übertragung auf Jakob stattgefunden habe, umgekehrt worden, so dass der Mensch nun im Kampf unterlegen ist.

auch auf Jakobs Anfrage hin nicht zu erkennen. Es wird nicht gesagt, woher der Mann kommt oder wohin er nach dem Kampf geht. Aber etwas Außergewöhnliches haftet ihm an. Er erkennt zunächst, dass er Jakob nicht beikommen kann, schlägt ihn – oder, wenn man etwas genauer übersetzt, berührt ihn –, so dass sich Jakobs Hüfte verrenkt. Er will bei Anbruch der Morgenröte weg, d. h. er will nicht gesehen und erkannt werden. Kennt Jakob ihn? Könnte er ihn entlarven? Der Mann jedenfalls kennt Jakob und hat Macht über ihn. Er ändert seinen Namen. Isra-El soll Jakob fortan heißen, zweifellos ein ehrenhafterer Name als Jakob, wo man immer auch »Betrüger« oder »Fersenhalter« mithört. Isra-El – »Gottesstreiter« hört sich wesentlich besser an, wenn es auch anfangs für Jakob wie für den Leser noch nicht ganz einfach ist, mit der Deutung dieses Namens etwas anzufangen: »Denn du hast mit Gott und mit Menschen gekämpft und hast es geschafft« (32,29).

Noch etwas gehört zu der Besonderheit dieses Mannes: der Segen. Grundsätzlich ist Segnen eine Aktivität, die nicht nur gewissen Personen in bestimmten Situationen zusteht. Segnen bedeutet allgemein, jemandem etwas Gutes anwünschen. Aber der Segen in unserer Geschichte mutet merkwürdig an, wenn man bedenkt, dass der geschilderte Kampf eine recht ungewöhnliche Situation für das Spenden eines Segens ist.

Wer ist dieser Mann, der Jakob segnet, nachdem er ihn verletzt? Wer ist er, dass Jakob fast mit den Zähnen daran festhält, von ihm gesegnet zu werden? Weiß oder ahnt Jakob wenigstens, dass er nicht nur ein Räuber ist?

Ein solcher kann er wohl auch kaum sein, da nirgends in der Erzählung vermerkt wird, dass Jakob bestohlen oder ausgeraubt worden sei oder dass die Absicht des Mannes der Diebstahl war. Und bei einem Raubüberfall von dem Räuber gesegnet werden zu wollen, liegt schon jenseits der Grenze des Vorstellbaren. Also vielleicht doch ein Flussdämon? Warum sollte Jakob, der kurz vor seinem nächtlichen Ringkampf noch um Rettung vor dem Bruder zu Gott gebetet hatte (32,10–13), aber ausgerechnet von einem Dämon gesegnet werden wollen? Warum besteht Jakob auf dem Segen und worin besteht dieser?

Alle diese Fragen lassen sich beantworten, wenn wir die Hinweise im Text selbst genauer betrachten. Zwei Sätze sind in diesem Zusammenhang besonders wichtig. »Du hast mit Gott und mit Menschen gekämpft und hast es geschafft« (V. 29b) ist der eine Satz. In dem Namen Isra-El – »Gottesstreiter« findet sich nur der erste Teil dieser Namendeutung wieder, nämlich der Kampf mit Gott. Die Deutung liefert also einen Hinweis darauf, dass der Kampfgegner Gott selbst war. Noch etwas deutlicher wird diese Annahme, als Jakob nach dem Kampf und dem Wortwechsel mit seinem Gegner den zweiten für das Verständnis der Episode wichtigen Satz ausspricht: »Ich habe Gott von Angesicht zu Angesicht gesehen, und mein Leben ist gerettet worden« (V. 31b). Jakobs Erkenntnis ist unheimlich: Gott, der ihn mit seinen Verheißungen und seinem Schutz begleitet hat, soll ihn wie ein Dieb in der Nacht überfallen haben? Das grenzt an das Unmögliche. Nicht von ungefähr also wird dieser Gedanke in der Forschung gelegentlich abgelehnt und der Kampfgegner Jakobs mit einem Flussdämon identifiziert, bestenfalls mit einem Engel. Diese letztere Identifikationsmöglichkeit gründet auf Hos 12,4, wo man aus wenigen, teilweise umstrittenen Worten, herauslesen kann, dass Jakob mit einem Engel gekämpft habe. Auch die antike jüdische Auslegung spricht im Zusammenhang der Penuel-Szene immer von einem Engel als Gegner Jakobs. Freilich übt dieser Engel in den verschiedenen Auslegungen unterschiedliche Funktionen aus. An manchen Stellen wird er als Schutzengel Esaus dargestellt, und der ganze Kampf wird so zur Vorwegnahme der tatsächlichen Begegnung mit dem Bruder. Der Gedanke wird in den psychologischen Auslegungsversuchen zu unserer Perikope noch weiter entfaltet. Jakob habe am Jabbok nicht gegen eine reale Gestalt gekämpft, sondern gegen seine eigene »Esau-Seite«, seine Schattenseite, wobei es ihm gelungen sei, den Schatten zu integrieren und so zur Reife zu gelangen.[113] Man weiß heute, dass psychische Probleme physisches Leiden verursachen können und könnte, wenn man unsere Geschichte als inneren Konflikt Jakobs versteht, sein Hinken auf diesem Hintergrund interpretieren. Oder das Hinken wird, wie in der früheren Auslegung gelegentlich geschehen, völlig rationalistisch erklärt: Jakob hat sich bei der Übernachtung in der feuchten Flussaue einen Rheumatismusanfall zugezogen.[114]

Kehren wir nun nach diesen Bemerkungen rund um den Text zur Erzählung zurück. Diese erlaubt die oben angeführten Deutungsversuche. Auch die tiefenpsychologische Auslotung des Textes ist also nicht

113 Zu verschiedenen Aspekten psychologischer Auslegung vgl. die zusammenfassende Darstellung bei Chr. Recker, Die Erzählungen vom Patriarchen Jakob – ein Beitrag zur mehrperspektivischen Bibelauslegung, Münster 2000, v. a. 248–283.

114 B. Jacob, Genesis, 641, zitiert diese und andere Möglichkeiten der Interpretation von Jakobs Hinken für den Fall, dass der Kampf ins Innere Jakobs versetzt wird, sei es als Ringen im Gebet oder eben als Kampf um die Integration der Schattenseite Jakobs.

von vornherein abzuqualifizieren. Aber strikt auf der Ebene der Erzählung ist das Ziel ein anderes. Jakobs Kampfgegner bleibt bis zum Schluss ungenannt, aber nicht ganz unbekannt. Er selbst gibt Jakob und dem Leser einen Hinweis auf seine göttliche Identität (V. 29b). Dann spricht auch Jakob seine Ahnung darüber aus, dass der Angreifer Gott war (V. 31b). Es mag unerhört scheinen, dass Gott selbst seinen Schützling angreift, aber die Bibel kennt noch ähnliche Ereignisse, die Gott von dieser ungewöhnlichen Seite zeigen. Es handelt sich um den nächtlichen Überfall auf Mose und seine Familie (2. Mose 4,24–26). Ein wenig anders, aber nicht weniger grausam ist Gottes Befehl an Abraham, seinen Sohn zu opfern (1. Mose 22).

In unserer Geschichte entpuppt sich der Mann, dessen Identität anfangs noch unbekannt war, nach und nach als Gott. So gewinnt auch das Thema Segen einen besonderen Sinn. Gott segnet Jakob. Endlich segnet er ihn! Blickt man in die Jakobserzählungen, so wird man feststellen, dass der Segen alles bestimmte. Der Segen war es, der Rebekka den Plan zum Betrug aushecken ließ. Der vom Vater fälschlich erteilte Segen trieb Jakob zur Flucht. Jakobs Kinderreichtum und Viehbesitz sind eine Folge des Segens. Und ebenfalls der Segen, der sich von und durch Jakob auf Labans Vermögen übertrug, veranlasste letzteren, Jakob um jeden Preis als Segensquelle behalten zu wollen und nach Möglichkeit seine segensreiche Präsenz voll auszunützen, selbst unter Zuhilfenahme von betrügerischen Mitteln.

Jakob ist gesegnet, und sein Segen hat Auswirkungen auf ihn selbst und auf andere. Und doch fehlt Jakob bis zu diesem Punkt der Erzählung ein Segen: der Segen Gottes. Gott ist ihm begegnet, hat ihm sein Geleit zugesagt und ihm Nachkommen verheißen, aber er hat ihn an keiner Stelle gesegnet. Das geschieht erst hier, in der Penuel-Szene. Jetzt endlich hat Jakob sich in hartem Kampf den göttlichen Segen errungen. Das ist insofern von besonderer Bedeutung, als dieser göttliche Segen jeden Zweifel über die Rechtmäßigkeit des Segens, den Jakob von seinem Vater erschlichen hat, ausschließt.

Der Segen Gottes aber wird nicht bedingungslos gegeben. Jakob wird an seiner Hüfte berührt. Die Berührung kann als Segensgeste verstanden werden, aber es ist eine schmerzhafte Berührung, eine, die Jakob hinken lässt. In Anlehnung an die psychologische Auslegung der Episode kann man Jakobs Hinken dahingehend interpretieren, dass er in die Schranken gewiesen wurde, dass er sich seiner Grenzen bewusst geworden ist. Gott hat ihn gesegnet und ihm gleichzeitig seine Grenzen gewiesen. Jakob hat eine Wandlung durchgemacht. Der Betrüger hat eine unheimliche und doch in gewissem Sinne liebevolle Demütigung erfahren. Nun ist er bereit für die lange gefürchtete Begegnung mit dem Bruder. Diese Wandlung und die Bereitschaft, der Zukunft trotz der Vergangenheit entgegenzugehen, wird durch zwei Elemente der Erzählung markiert. Das eine ist Jakobs neuer Name Israel, ein Ehrenname. Das andere ist die Morgenröte, die einen neuen und entscheidenden Tag im Leben Jakobs ankündigt. Das dritte, das hier gar nicht ausdrücklich genannt wird, ist die Überquerung des Jabbokflusses. Erst nach dem nächtlichen Ringkampf ist die Überquerung des Flusses, dieser Grenze zwischen Vergangenheit und Zukunft, endgültig. Nun erst, nachdem Jakob seine Grenzen erfahren, den neuen Namen und den göttlichen Segen erhalten hat, ist er wirklich »drüben«. Und dort wartet schon sein Bruder auf ihn.

Bevor wir die Erzählung weiter verfolgen und sehen, mit welcher Absicht Esau seinem Bruder entgegenzieht, wollen wir uns noch einmal bewusst machen, dass die Penuel-Szene zu jenen Texten der Jakobserzählung gehört, die den Rahmen der Familiengeschichte sprengen und in die Volksgeschichte weisen. Am Anfang, noch in der Geschichte über das Linsengericht und das Erstgeburtsrecht (Kap. 25), begegneten wir der Gleichsetzung Esau = Edom, und wir hatten somit dort einen Hinweis auf das Volk der Edomiter. Esau also steht in der gesamten Erzählung nicht nur für sich selbst, sondern für Edom. Nun endlich ist es klar, wer Jakob ist. Sein neuer Name sagt es: Jakob ist Israel. Die Geschichte über Esau und Jakob ist also nicht nur die Geschichte zweier Brüder, sondern die Geschichte zweier Völker.

Ein kleiner Exkurs in die Geschichte Israels und speziell in die Geschichte seiner Beziehung zu Edom mag vielleicht auch zum besseren Verständnis der biblischen Jakobserzählungen beitragen.

Das Verhältnis zwischen Israel und Edom ist, soweit es sich aus biblischer und historischer Perspektive ergründen lässt, ambivalent. Das heißt, es gibt Hinweise auf die Feindschaft der beiden Völker, aber auch Indizien dafür, dass ein freundschaftliches Nebeneinander möglich war. Edom gilt als der Feind, der Israel nicht durch sein Gebiet ziehen ließ, als es sich von Ägypten kommend in das gelobte Land begab (4. Mose 20,14 ff.) und den Israeliten sogar mit dem Schwert drohte. Das Schwert ist insofern interessant, als es in dem Trostsegen, den Isaak seinem Sohn Esau-Edom spendet, auch vorkommt und zwar als Lebensgrundlage des so Gesegneten. 5. Mose 2,1–8 berichtet von demselben Ereignis des Durchzugs Israels durch das Edomitergebiet, doch in diesem Text wird das Betreten edomitischen Bodens nicht verweigert. Es scheint also über die Beziehung zwischen Israel und Edom verschiedene Auffassungen zu geben. Was man sonst noch in historischer Sicht über Edom sagen kann, gründet sich größtenteils ebenfalls auf biblische Aussagen. Aus den wenigen, oft nur versteckten Hinweisen, ist leider kein vollständiges Bild zu gewinnen. Edom ist nach 2. Sam 8,13f. von David – der Verkörperung Israels – erobert worden, also etwa im 10. Jh. v. Chr. Es wird immer wieder behauptet, dass der Segensspruch über Jakob betreffend den Antritt der Herrschaft über seine Brüder (1. Mose 27,27–29) eine Anspielung auf dieses Ereignis sei.[115] Auch das Geburtsorakel (25,23) enthält eine Aussage über die Geburt von Völkern, von denen das jüngere über das ältere herrschen wird. Edom und Israel werden an dieser frühen Stelle der Jakobserzählungen verständlicherweise noch nicht genannt, aber im Rückblick ist klar, wie der Spruch gemeint ist. Esau-Edom ist nicht nur der erstgeborene der Zwillingsbrüder, sondern nach biblischem Zeugnis ist Edom auch als Staat älter als Israel. In 1. Mose 36,31 wird eine Liste von Königen eröffnet, die in Edom regierten, bevor es in Israel Könige gab. Diese Aussage wird in der Forschung unter Hinzuziehung von literarischen und archäologischen Belegen heftig und kontrovers diskutiert. Unabhängig davon, welches das korrekte historische Ergebnis dieser Debatte ist, bleibt unbestreitbar, dass in dem biblisch verankerten Bewusstsein Israels Edom älter als Israel ist, Israel aber – zumindest für eine bestimmte Zeit – die Vorherrschaft über Edom innehatte.

Nach 2. Kön 8,20–22 hat sich Edom unter Joram von Juda Mitte des 9. Jh.s v. Chr. seine Unabhängigkeit er-

115 Vgl. z. B. H. Donner, Geschichte, 227.

kämpft. Auch hierzu sehen Forscher mögliche Hinweise in den Jakobserzählungen, und zwar in dem Segen, der Esau zugesprochen wird, wo es heißt, dass Esau das Joch seines Bruders abschütteln und zerbrechen wird (27,39f.).[116] Zu Beginn des 8. Jh.s v. Chr. erscheint Edom auf einer assyrischen Liste als Tributzahler. Schließlich wird Edom unter Tiglat-Pileser III. (745–727 v. Chr.) assyrischer Vasallenstaat. Als das assyrische Reich im 7. Jh. v. Chr. Anzeichen der Schwäche zu zeigen beginnt, erhält Edom wieder Aufwind und gewinnt einen gewissen Einfluss über das judäische Territorium. Es ist in der Forschung umstritten, ob Edom sich am Feldzug Nebukadnezzars II. (605–562 v. Chr.) gegen Juda beteiligte und das südjudäische Gebiet im Zuge dieser Aktion für sich eroberte und in Anspruch nahm oder ob die Edomiter einfach dahinter profitierten, dass die Judäer, von den Babyloniern bedrängt, sich in einer Zwangslage befanden. Die Vorgänge bleiben dunkel. Edoms Rolle Juda (bzw. Israel) gegenüber wird in der biblischen Prophetie der Zeit jedenfalls als durch und durch feindlich bestimmt (Obadja, Maleachi).

Diese Ambivalenz im Verhältnis zwischen Israel und Edom ist auch in den Jakobserzählungen zu spüren. Der Bruder (in Amos 1,11 wird Israel Edoms Bruder genannt; in Dtn 23,4 wird Edom als Bruder der Israeliten die Aufnahme in die israelitische Kultgemeinde gestattet) zeigt sich im Verlauf der Geschichte Israels mal von der freundlichen, mal von der weniger freundlichen Seite. In den Jakobserzählungen ist an der Oberfläche generell kein negatives Esau-Edom-Bild auszumachen. Und doch ist irgendwo eine latente Spannung zu spüren in der Angst Jakobs vor seinem

116 Vgl. H. Donner, Geschichte, 280.

Bruder und in Kap. 33 dann auch in der kühlen Atmosphäre, die die direkte Begegnung bestimmen wird.

Was sagen die wenigen hier erwähnten historischen Hinweise in Bezug auf die Jakobserzählung aus? Zunächst einmal leider nicht sehr viel über die Entstehungszeit der Erzählung, da das Verhältnis, wie es in der Jakobserzählung geschildert wird, fast in jede Zeit der israelitisch-edomitischen Geschichte passt. Was man aber doch sagen kann, ist, dass die Erzählung von Jakob und Esau auch eine Erzählung über Israel und Edom ist, dass sie die Nähe, aber auch die Auseinandersetzungen zwischen den beiden Völkern widerspiegelt, die sich im Laufe der Geschichte zugetragen haben.

2.5.3 Die Begegnung der Brüder (1. Mose 33,1–19)

»Da hob Jakob seine Augen auf und sah, und siehe, Esau kam, und mit ihm 400 Mann« (33,1a). Nun sieht Jakob, was die Boten ihm in 32,7 angekündigt hatten. Er befürchtet Schlimmes von Esau, der mit so viel Gefolge kommt. So wie er auf die Nachricht seiner Boten hin seinen Besitz in zwei Lager geteilt hatte, so teilt er nun seine Kinder den entsprechenden Müttern zu (33,1b). Dann stellt er sie der Reihe nach auf: die weniger wichtigen Nebenfrauen mit ihren Kindern zuerst, dann Lea mit ihren Kindern, schließlich noch Rahel mit ihrem Sohn Josef – er ist das einzige namentlich genannte Kind (V. 2). Er aber, Jakob selbst, zieht an ihnen vorbei (das Leitwort »vorübergehen«, das schon in Kap. 32 eine Rolle spielte, wird hier wieder aufgenommen) und vor ihrem Angesicht her (auch »Angesicht« war eines der Leitworte in Kap. 32). Nun geht er selbst voran und nähert sich unter siebenmaligem Niederwerfen seinem Bruder. Diese Geste war im Alten Orient üblich, wenn sich ein Vasall seinem Herren näherte.[117] Jakob benimmt sich seinem Bruder gegenüber unterwürfig. Er vollzieht in dieser Weise ein Stück weit die Rückgabe der in Kap. 27 empfangenen Segensgaben. Dort hatte Isaak ihm den Herrschaftssegen zugesprochen: »Sei ein Gebieter deiner Brüder. Vor dir sollen sich niederwerfen die Söhne deiner Mutter« (27,29). Hier wirft sich der damals so gesegnete Jakob wie ein Vasall seinem Bruder zu Füßen. Zur Vorstellung vom Vasallen passt auch, dass Jakob dem Bruder, wie wir aus dem vorangegangenen Kapitel wissen, ein Geschenk darbringt, eine Art Tribut, wie das Wort *minchah* nahelegt, das dieses Geschenk bezeichnet.

Jakob liegt vor Esau im Staub. Der aber läuft Jakob entgegen, umarmt ihn, fällt seinem Bruder um den Hals, küsst ihn und bricht mit ihm zusammen in Tränen aus (V. 4). So eine Herzlichkeit wird Jakob wohl kaum erwartet haben, nachdem er vor Jahren von den durchaus berechtigten Rachegedanken seines Bruders in die Flucht getrieben wurde.

Nach der herzlichen Umarmung und den Freudentränen – bei Jakob vielleicht Tränen der Erleichterung darüber, dass seine schlimmsten Befürchtungen gegenstandslos geworden sind – erkundigt sich Esau nach den Frauen und Kindern, die hinter Jakob in Reih und Glied aufgestellt sind (V. 5a). Zu den Frauen äußert sich Jakob gar nicht, die Kinder aber seien ihm durch die Gnade Gottes zuteil geworden, ihm, dem Knecht (V. 5b). Die herzliche Begrüßung durch Esau hat Jakob vielleicht die Gewissheit verliehen, dass es keinen Krieg geben wird, aber er bleibt trotzdem noch unterwürfig. Die Atmosphäre der Begegnung, durch den Gefühlsausbruch Esaus etwas gelockert, wird nun

117 Vgl. C. Westermann, Genesis I/2, 639.

wieder kühl und steif. Von einer wirklich brüderlichen Beziehung kann kaum die Rede sein. Das förmliche Begrüßungszeremoniell geht weiter, als wäre es nie unterbrochen worden. Die einzelnen Familiengrüppchen treten vor und werfen sich vor Esau nieder, Josef und Rahel, Jakobs Lieblinge, zuletzt (V. 6f.). Dann fragt Esau weiter nach dem »Lager«, das ihm unterwegs begegnet ist – gemeint sind die Geschenkherden, die Jakob voraus geschickt hatte. Jakobs Antwort ist knapp, kühl und unterwürfig: »um Gnade zu finden in den Augen meines Herrn« (V. 8b). Esau scheint aber auf Geschenke nicht wirklich erpicht zu sein und sagt zu Jakob: »Ich habe viel, mein Bruder. Behalte, was du hast« (V. 9). Jakob aber will sein Geschenk loswerden. Er muss es loswerden. Er drängt Esau mit einem Wortschwall zur Annahme des Geschenks:

»Nicht doch, wenn ich doch Gnade in deinen Augen gefunden habe, so nimm doch mein Geschenk (*minchah*) von meiner Hand, denn darum habe ich dein Angesicht gesehen, wie ich Gottes Angesicht gesehen habe, und du bist mir mit Wohlgefallen begegnet. Nimm doch meinen Segen (*birchati*), der dir gebracht wurde, denn Gott war gnädig mit mir, und ich habe alles« (V. 10f.).

Leit-, Schlüsselworte und -gedanken sind in dieser Jakobsrede verborgen. Dass Jakob die Rückgabe des in Kap. 27 ergaunerten Segens bezweckt, wird nun auch aus der Wortwahl deutlich. Endlich kommt das Wort »Segen« vor, das schon seit den Vorbereitungen zur Begegnung der Brüder in der Luft schwebt. Das Geschenk, das Jakob für den Bruder vorbereitet hat, ist nicht irgendeines. Es ist »mein Segen«, der nun in dieser Form zurückgegeben wird. Esau soll ihn »nehmen«, so wie Jakob vor Jahren den Segen des Bruders »genommen« hatte (27,35.36).

Jakobs Worte sind allerdings noch weit mehr als diese Segensrückgabe. Sie stellen eine Verbindung her zur vorangegangenen Episode von dem Kampf am Jabbok. Wir haben gesehen, dass der nächtliche Kampfgegner Jakobs sich nach und nach mit Gott identifizieren ließ, zuerst von diesem selbst in der Deutung des Namens Israel: »du hast mit Gott und mit Menschen gekämpft und hast es geschafft« (32,29b); dann auch von Jakob in seiner Deutung des Ortsnamens Penuel: »Ich habe Gott von Angesicht zu Angesicht gesehen, und mein Leben ist gerettet worden« (32,31b). Nun sagt Jakob zu Esau: »Ich habe dein Angesicht gesehen, wie ich das Angesicht Gottes gesehen habe, und du hast mich wohlgefällig angenommen« (33,10b). Hier werden Esau und Gott zusammengesehen, was auf beide Erzählungen, jene vom Kampf am Jabbok und diese von der Begegnung der Brüder, ein neues Licht wirft. Der Text in Kap. 32 ließ erkennen, dass Jakob am Jabbok gegen Gott gekämpft hat. Aber, wenn man Jakobs Worte in 33,10b in Betracht zieht, dann kann man die Frage stellen, ob nicht doch auch Esau an dem Kampf beteiligt war. Interessant ist, dass Esau in 33,10b in göttlicher Weise dargestellt wird, während Gott Jakob am Jabbok angegriffen hat, so wie Jakob es von seinem Bruder erwartet hatte und gewiss nicht von Gott, den er kurz vorher noch um Rettung vor dem rachsüchtigen Esau gebeten hatte. Jakob vergleicht das Sehen des Angesichts Esaus mit dem Sehen des Angesichts Gottes. Das ist eine ungeheure Aussage, wenn man bedenkt, dass z. B. in 2. Mose 33,20 gesagt wird, dass das Sehen des Angesichts Gottes mit dem Leben bezahlt wird. Für Jakob galt diese Bestimmung offensichtlich nicht, wie er selbst am Schluss seines Kampfes erstaunt feststellt. Er hat Gott gesehen und ist am Leben geblieben.

Vor der Begegnung mit Esau hatte er genau diese Befürchtung, dass er seinen Bruder sehen würde und sterben müsse. Nun vergleicht er die Begegnung mit dem Bruder mit dem so glücklich ausgegangenen Gotteskampf und hofft darauf, dass Esau ihn mit Wohlgefallen annehmen wird. Der Ausdruck »wohlgefällig annehmen«, der hier gebraucht wird, ist ein kultischer Fachausdruck und bezeichnet die wohlgefällige Annahme des Opfers durch Gott. Von Esau wird diese wohlgefällige Annahme des Opfers, wohl des Geschenks, erhofft. Von dem sonst im wahrsten Sinne des Wortes Gott-losen Esau wird also göttliches Verhalten erwartet. In Jakobs Worten steckt zugleich auch die Hoffnung, dass, wenn Gott ihn nach dem Kampf am Leben gelassen hat, Esau es umso mehr tun müsse.

Von diesem Standpunkt aus betrachtet ist die Kampfszene am Jabbok nicht nur als ein archaischer Einschub zu betrachten, der den Erzählzusammenhang unterbricht und durcheinander bringt, sondern sie gehört unabdingbar zu den Vorbereitungen und Voraussetzungen der Erzählung über die Begegnung der Brüder.

Wie reagiert Esau auf Jakobs Worte? Verhält er sich wie erwartet? Nimmt er das Wiedergutmachungsgeschenk an? Ja, und damit ist die alte Fehde begraben. Viel mehr noch, Esau bietet Jakob an, die Reise gemeinsam fortzusetzen, und zwar nach Seïr, zu seinem Wohnsitz. Jakob aber lässt durchblicken, dass er trotz Versöhnung dem Bruder lieber aus dem Weg gehen will. Er beruft sich auf seine Kinder und sein Vieh, die man nicht zu hart antreiben dürfe, wenn man ihr Umkommen verhindern wolle (V. 13). Esau mag nur ruhig vorangehen. Jakob werde in gemächlichem Tempo folgen (V. 14). Esau startet daraufhin einen zweiten Versuch, seinem Bruder seine Gastfreundschaft anzubieten. Er will Jakob eine Eskorte zur Verfügung stellen, doch Jakob lehnt höflich ab (V. 15). Für ihn hat die Begegnung mit dem Bruder ihren Zweck erfüllt: Esau ist versöhnt; Jakob hat »Gnade gefunden in seinen Augen«. Mehr will er nicht. Das ist für Esau nun eine deutliche Absage. Er kehrt nach Seïr um (V. 16). Jakob aber reist weiter bis zu einem Ort, an dem er sich ein Haus und seinem Vieh Hütten (*sukkot*) baut, die dem Ort auch den Namen Sukkot verleihen.

Der von seinem Vater unrechtmäßig Gesegnete, der sich jahrelang in der Fremde aufhielt und die Rache seines Bruders fürchtete, ist nun auch von Gott nach nächtlichem Kampf gesegnet und somit der legitime Segensträger. Auch die Rache seines Bruders braucht er nach der Begegnung und Versöhnung mit ihm nicht mehr zu fürchten. Seine Abenteuer scheinen zu Ende zu sein. Die Konfliktgeschichten haben alle ihre Lösung gefunden: Jakobs Frauen konkurrieren nicht mehr miteinander, mit Laban ist unter aufwendigen rituellen Veranstaltungen Frieden geschlossen worden, und Esau ist, durch Jakobs Segensgeschenk und unterwürfige Haltung versöhnt, ohne Rachegedanken nach Seïr gezogen. Und doch sind die Geschichten von Jakob hier nicht zu Ende. Er ist noch nicht wieder zu Hause. Die Bedingungen des Gelübdes aus Kap. 28 sind noch nicht vollständig erfüllt. Und auch der Herrschaftssegen ist zunächst noch wirkungslos, da er auch den Antritt der Vaternachfolge voraussetzt, und die ist wohl erst gegeben, wenn Jakob wieder bei seinem Vater ist und die Stafette übernehmen kann.

In 1. Mose 33,18 f. heißt es:

»Da kam Jakob wohlbehalten (*schalem*) zur Stadt Sichem im Land Kanaan, als er aus Paddan-Aram kam, und er lagerte im Angesicht der Stadt. Und er kaufte das Grundstück, auf dem er sein Zelt aufgeschlagen hatte, aus der Hand der Söhne Hamors, des Vaters Sichems, um 100 Kesita.«

Diese wenigen Sätze sind in gleicher Weise Abschluss der vorangegangenen wie Überleitung zur folgenden Episode. Als abschließende Notiz kann man sie betrachten, weil die beiden Leitworte, die die Kapitel 32f. durchzogen, »lagern/Lager« und »Angesicht« hier miteinander vereint werden.[118] Die Überleitung zum Folgenden ist durch die Namen Hamor und Sichem gegeben, die in Kap. 34 zu Protagonisten der Handlung werden.

Zwei Dinge sind an dieser Itinerarnotiz interessant. Das eine ist das Wort *schalem* – »wohlbehalten, vollkommen, unversehrt«. Jakob hat seine abenteuerlichen Erlebnisse heil und wohlbehalten überstanden. Auch das absehbare Ende seiner Wanderschaft zeichnet sich in diesem Wort ab. Schalom – »Frieden, Unversehrtheit, Vollkommenheit« gehörte zu der Abmachung, die Jakob mit Gott in Bet-El nach seinem Traum von der »Himmelsleiter« getroffen hatte:

»Wenn Gott mit mir sein wird auf diesem Weg, den ich gehe, und mir Brot zum Essen und Kleider zum Anziehen geben wird, und mich in Frieden (*be-schalom*) zum Haus meines Vaters zurückbringen wird, dann soll der Herr mein Gott sein.« (28,20f.)

Gottes Geleit hat Jakob auf seinem Weg nicht gefehlt, ja er ist ihm am Jabbok sogar spürbar und schmerzhaft nahe gewesen. An »Brot« und »Kleidung« hat er auch

---

118 Vgl. B. Jacob, Genesis, 648.

keinen Mangel gehabt, vielmehr neideten ihm die Söhne Labans seinen Reichtum, so dass er sich gezwungen sah, die Flucht zu ergreifen. Die Erfüllung einer einzigen Bedingung des Gelübdes steht noch aus: die Heimkehr »in Frieden«. Nun ist Jakob bei Sichem noch nicht zu Hause, aber das Wort *schalem* – »wohlbehalten« erinnert an dieses Gelübde und daran, dass nur noch wenig bis zu seiner Erfüllung fehlt.

Der zweite interessante Aspekt der Notiz in 33,18f. ist, dass das Itinerar zu Ende zu sein scheint. Jakob kauft ein Stück Land bei Sichem. Das kann nicht die Geste eines Wanderers sein, der es eilig hat, nach Hause zu kommen. Jakob richtet sich in Sichem häuslich ein. Er richtet auch Gott häuslich ein. Er errichtet einen Altar[119] und nennt ihn »El ist der Gott Israels« (33,20). Der Name dieses Altars hat in der Forschung kontroverse Diskussionen hervorgerufen. Was ist mit El und was mit Israel gemeint? Die Bezeichnung El weist auf den höchsten kanaanäischen Gott hin. Israel

---

119 Zu Recht sehen die meisten Forscher hier ein Problem. Das Verb, mit dem die Errichtung des Altars beschrieben wird, ist einzigartig in seinem Kontext. Es passt eher zur Aufrichtung einer Mazzebe (Malstein). Dies wäre auch die für Jakob typische Handlung (vgl. 28,18; 31,45; 35,14ff.), nicht der Altarbau. C. Westermann, Genesis I/2, 644f. nimmt an, dass die Mazzebe durch den Altar ausgetauscht wurde, als Mazzeben später im Kult verboten wurden. Möglicherweise wird aber Jakob durch den Altarbau bei Sichem, später dann auch in Bet-El (35,7ff.), in das Abraham-Schema gepresst, der ab Sichem dasselbe Itinerar wie Jakob vollzog und ebenfalls in Sichem und Bet-El Altäre errichtete. Wenn das so wäre, dann hätte man hier eventuell einen Hinweis darauf, wie die nordisraelitische Jakobserzählung (nach dem Fall Samarias?) mit der judäischen Abraham-Überlieferung verbunden wurde.

könnte das Individuum Jakob sein oder das Volk Israel. Ist V. 20 das Bekenntnis des Volkes Israel zum kanaanäischen Gott? Der Text verbietet diese Annahme nicht. C. Westermann schreibt: »Das Bekenntnis besagt: El, der Schöpfergott, der höchste Gott im kanaanäischen Pantheon, wird jetzt zum Gott des Volkes Israel.«[120] Die religionsgeschichtliche Diskussion, die sich aus einer solchen Aussage entspinnt, soll hier nicht geführt werden. Bleiben wir dem Text der Gesamterzählung etwas näher. Von der Erzählung her legt sich das Verständnis Israels als Volk nicht unbedingt nahe. Mit Israel ist bisher in der Erzählung nur die Einzelperson Jakob bezeichnet worden. Er hat zwar eine zahlreiche Familie, aber bis zum Volk ist noch ein Schritt zu gehen. Und bei El steht zwar die gesamte kanaanäische Religion vor Augen, aber man kann auch einfach an die Gottheit denken, die Jakob-Israel von Anfang an begleitet und beschützt hat. El bezeichnet nicht nur den kanaanäischen Gott, sondern bedeutet auch »Kraft, Macht«, so dass der Altarname lauten könnte: »Eine Macht ist der Gott Israels«.[121] Ein solches Verständnis passt nach E. Blum auch besser zum Kontext der Jakobserzählungen. Der Patriarch legt in den Namen dieses Altars seine ganzen Erfahrungen mit dem mächtigen, kräftigen Gott hinein, der ihm auf seiner Wanderschaft zur Seite gestanden hat. Jakob bekennt sich durch den Namen des Altars »sowohl zu dem Gott, der ihm 28,12 ff.; 31,13 erschienen ist, als auch bereits zu seinem eigenen Namen Israel«.[122]

---

120 C. Westermann, Genesis I/2, 645.
121 Vgl. E. Blum, Komposition, 206 f.
122 B. Jacob, Genesis, 649.

2.5.4 Letzte Gotteserscheinung in Bet-El (1. Mose 35,1–15)

Was unmittelbar nach der Itinerarnotiz in 1. Mose 33,18f. erzählt wird, mutet wie ein Fremdkörper innerhalb der Jakobserzählungen an. Es handelt sich um die Episode, in der Jakobs Tochter Dina in Sichem vom Sohn des Stadtfürsten Gewalt angetan wird. Die Tatsache, dass Sichem Dina dann zur Frau haben will, kann die Situation nicht mehr retten. Die Geschichte endet in einem Blutbad, das Simeon und Levi, die Söhne Jakobs, unter den Sichemiten veranstalten. 1. Mose 34 ist nicht eigentlich eine Jakobsgeschichte, sondern eine Geschichte über zwei seiner Söhne und soll deshalb hier nicht ausführlich behandelt werden. Jakob verhält sich passiv. Er beklagt lediglich den Umstand, dass er nun von den Bewohnern des Umlandes Rache zu befürchten habe. Gott setzt diesem unliebsamen Zwischenspiel in Sichem mit seinem Befehl ein Ende:

»Auf! Zieh hinauf nach Bet-El und bleibe dort und errichte dort einen Altar dem Gott, der dir erschienen ist, als du vor deinem Bruder Esau geflohen bist« (35,1).

Jakob soll an den Punkt seiner Wanderschaft gehen, an dem sie begonnen hat. Damals, auf der Flucht vor dem Bruder, begegnete ihm Gott zum ersten Mal und versprach ihm von der »Himmelsleiter« herab Schutz und Geleit. Hier erteilt er den Befehl, nach Bet-El zu gehen, wo er Jakob ein letztes Mal erscheinen wird. Der Text V. 1–15 gliedert sich in die Vorbereitungen zu dieser Begegnung (V. 1–7) und die Begegnung selbst (V. 9–15).

Die Vorbereitungen zur Begegnung mit Gott sind sehr gründlich. Sie gehen auf Jakobs Initiative zurück.

Gott hatte nichts davon gesagt, dass saubere Kleider angelegt und fremde Götter abgelegt werden müssen. Jakob aber hält das für geboten. Es sieht so aus, als werde hier der radikale Bruch mit der Vergangenheit vollzogen.[123] Und doch scheinen Jakobs Forderungen an die mit ihm Ziehenden in ihrer Radikalität etwas deplatziert. Welches ist der Sinn der von ihm geforderten Handlungen?

In 2. Mose 19,10.14, als das Volk Israel am Sinai angelangt ist, erteilt Gott den Befehl, sich zu heiligen und die Kleider zu waschen. Das gehört zu den Vorbereitungen für das Erscheinen Gottes, das er für den dritten Tag ankündigt.

Von Abrenuntiation, dem Ablegen der fremden Götter und Hinwendung zum Gott Israels, spricht Jos 24 (vgl. auch Ri 10,16; 1. Sam 7,3; 12). Josua versammelt das Volk auf dem so genannten »Landtag zu Sichem« und stellt es vor die deuteronomistische Alternative: Gott oder die Götter. Das Volk entscheidet sich natürlich für Gott. Das wird im »Buch des Gesetzes« festgehalten, und als Zeichen und Zeuge des eben geschlossenen Bundes wird unter einer Eiche bei Sichem ein Steinmal aufgerichtet. Vom Vergraben der »fremden Götter« ist im Josuatext nicht die Rede. Aber die Forderung des Ablegens dieser Götter verbindet Jos 24 mit unserem Kap. 35. Auch der Ort Sichem gehört zu den Gemeinsamkeiten. Der Baum, unter dem Jakob die Götter/Götterbilder vergraben lässt, erinnert an den Baum, unter dem Josua das Steinmal aufrichten ließ. Kann das Zufall sein? Wohl kaum. Die Frage stellt sich, wie die Abhängigkeit der Texte voneinander zu bestimmen ist. Nach H. Seebass ist 1. Mose 35 »die Grundstelle …, die in Jos 24

123 Vgl. H. Seebass, Vätergeschichte II, 438.

breit ausgebaut wurde«.[124] Aber die Kombination in 1. Mose 35 zwischen dem Ablegen der fremden Götter und dem Anlegen sauberer Kleider gibt zu denken, zumal von einem Kleiderwechsel in Jos 24 nicht die Rede ist, wohl aber in 2. Mose 19, wo wiederum keine fremden Götter abgelegt werden, obwohl solche aus Ägypten vermutlich mitgebracht worden sind. Die Aufnahme beider Motive in 1. Mose 35 legt also eher den Schluss nahe, dass auf die beiden genannten Stellen zurückgegriffen wird. Und da Jos 24 in der Forschung schon generell für einen späten Text gehalten wird, liegt die späte Entstehung auch unseres Textes wohl auf der Hand.[125]

Der Text beschreibt durch *alah* – »hinaufsteigen« in V. 1 einen kultischen Vorgang, denn *alah* bezeichnet nicht nur das Gehen auf einem aufsteigenden Weg, sondern ist der Fachausdruck für die Wallfahrt. Jakob bereitet sich also für eine Wallfahrt nach Bet-El vor. Unter diesem Vorzeichen erscheinen die von ihm getroffenen Vorbereitungen auch nicht übertrieben.

Man kann Jakobs Forderungen auch unter dem Aspekt des Zusammenhangs mit dem Gesamtkontext der Erzählungen betrachten. Was bedeutet dann das Ablegen der fremden Götter? Gewiss gab es in Jakobs mesopotamischem Gefolge Personen, die sich im Besitz von Götterfiguren, Amuletten und sonstigen Gegenständen befunden haben, die zur Kategorie der »fremden Götter« gerechnet werden können. Der einzig ausdrücklich genannte Fall ist aber Rahel, die noch vor der Abreise aus Mesopotamien die Terafim ihres Vaters gestohlen hatte. Der Diebstahl wurde nie ent-

---

124 H. Seebass, Vätergeschichte II, 440.

125 Vgl. E. Blum, Komposition, 65, der 35,1–7 seiner früh-nachexilischen D-Schicht zuweist.

deckt, weder von Laban noch von Jakob. Mit keinem Wort wird in 1. Mose 35 auf dieses Ereignis angespielt, aber für den Leser, der – anders als Jakob – um Rahels Tat weiß, wird das *Corpus delicti* mit allen anderen »fremden Göttern« unter der Eiche bei Sichem vergraben. Die Terafim hatten vermutlich Schutzfunktion. Dieser Schutz ist nun aber nicht mehr nötig, da sich Jakob gerade anschickt, mit seinem Gefolge nach Bet-El zu ziehen, an den Ort, an dem Gott ihn erhört hatte zur Zeit der Bedrängnis und ihm Schutz und Geleit angeboten hatte (V. 3). Gottes Schutz ist nie von Jakob gewichen. Das wird umso deutlicher, je mehr sich Jakob der Heimat nähert.

Unbeschadet erreicht die Familie Bet-El (V. 5).[126] Jakob baut den von Gott in V. 1 geforderten Altar und nennt den Ort El Bet-El, weil an ebendiesem Ort Gott ihm auf der Flucht vor seinem Bruder erschienen war (V. 7).

Der Name El Bet-El gibt Schwierigkeiten auf, zumal ausdrücklich festgehalten wird, dass der Ort und nicht etwa der Altar diesen Namen erhält. Der Ort aber, der vormals Lus hieß, heißt Bet-El und nicht El Bet-El, also Gott Bet-Els. E. Blum geht davon aus, dass in der ursprünglichen Textfassung der Altar mit diesem Namen versehen wurde.[127] Eine Analogie dazu findet sich in 33,20, wo Jakob den Altar und nicht den Ort »El ist der Gott Israels« nennt. In der griechischen und anderen Bibelübersetzungen wird der Text geglättet. Es geht dort eindeutig um den Ort, und der

126 V. 5 bezieht sich durch die Erwähnung der Verfolgung der Sichemiten auf Kap. 34 und dient seiner Einbindung in den Gesamtkontext der Jakobserzählungen. Vgl. z. B. C. Westermann, Genesis I/2, 671.

127 E. Blum, Komposition, 64f.

Name lautet Bet-El. Das erste El wird in den Übersetzungen weggelassen.

Meines Erachtens ist V. 7 in bewusster Anlehnung an die Episode von der »Himmelsleiter« (Kap. 28) entstanden. Dort war das Leitwort des Textes das Wort »Ort«. Hier, in 35,7 wird dieses Wort wieder aufgenommen. Es geht also gar nicht um den Altar, den Jakob errichtet, und auch nicht darum, ob der Altar das in 28 versprochene Heiligtum ist oder nicht. Es geht auch nicht wirklich um den Namen, weder den des Bauwerks noch den des Ortes. Es geht aber um den Ort selbst, um den Ort, der für Jakob in Kap. 28 Bedeutung erlangt und den er »Haus Gottes« und »Tor des Himmels« genannt hatte. Und dann geht es noch um Jakobs Erkenntnis und Bekenntnis, die er dem Ort zuruft: El Bet-El – »Gott von Bet-El/Gott (ist in) Bet-El!« Das erinnert wieder an Kap. 28, wo Jakob erstaunt ausgerufen hatte: »Tatsächlich ist Gott an diesem Ort! Ich aber wusste es nicht.« Nun weiß er es. Der Gott, der ihm damals erschienen war, ist der Gott von Bet-El. Ob man in 35,1–7 davon sprechen kann, dass nun endlich das Gelübde von Kap. 28 erfüllt ist, ist nicht gesichert, denn es wird ja nicht berichtet, dass Jakob aus der dort seinerzeit aufgerichteten Mazzebe tatsächlich ein Gotteshaus gebaut habe.[128] Auch von dem Zehnten, den er Gott versprochen hatte, ist nicht die Rede. Aber eine subtile Beziehung zwischen den beiden Texten, die einen Bogen vom Ende zum Beginn der Jakobserzählungen spannt, will doch wahrgenommen werden. Dieser Bogen wird durch die Erscheinung Gottes in Bet-El vervollständigt. Damals,

---

128 Vgl. E. Blum, Komposition, 65: »Der vorliegende Abschnitt 35,1–7 ist nicht als Einlösung des Gelübdes von Gen 28,20–22 konzipiert.«

in Kap. 28, war er Jakob bei seiner Ausreise aus dem Heimatland erschienen. Hier, in Kap. 35, erscheint er ihm bei seiner Rückkehr.

Vor dem Bericht über die Erscheinung Gottes gibt es aber noch eine Notiz, die den Erzählzusammenhang unterbricht und einige Schwierigkeiten in der Auslegung bereitet. »Da starb Debora, die Amme Rebekkas, und wurde unterhalb von Bet-El begraben, unter einem stattlichen Baum, den man Baum des Klagens nannte« (V. 8). Was man hier erwartet, wenn man dem Erzählduktus folgt, ist keineswegs diese Mitteilung. Welche Bedeutung kommt der Amme Rebekkas zu, dass ihr mit diesem Satz ein Denkmal errichtet wird, und warum wird mit dieser Notiz der Erzählzusammenhang unterbrochen? Lösungsvorschläge sind in der Forschung viele unterbreitet worden. Es könnte sich um eine Lokaltradition handeln, die an den Baum des Klagens bei Bet-El gebunden ist.[129] Einen besonderen Baum zwischen Rama und Bet-El nennt Ri 4,5. Es handelt sich um die Palme Deboras. Abgesehen von der annähernd übereinstimmenden Lokalisierung und dem Namen der Frau ist es jedoch nicht ganz einfach, eine Verbindung zwischen Rebekkas Amme und der israelitischen Richterin herzustellen. Auch handelt es sich in Ri 4,5 ausdrücklich um eine Palme, während in 1. Mose 35,8 *alon* steht, was einfach »großer Baum« heißt, meist aber mit »Eiche« wiedergegeben wird. Die Palme Deboras in Ri 4,5 ist also für das Verständnis unserer Textstelle nicht sehr hilfreich.

Vorstellbare Szenarien über die Art und Weise, wie Rebekkas Amme in Jakobs Gefolge kommt, gibt es verschiedene, aber sie vermögen den Text nicht weiter

129 Vgl. C. Westermann, Genesis I/2, 672 f.; H. Seebass, Vätergeschichte II, 442.

zu erhellen. Wichtig ist die Tatsache, dass der Name Rebekkas fällt. Nach der Erzählung über den Segensbetrug in Kap. 27 wird Rebekka nicht mehr genannt. Es gibt auch keine Notiz über ihren Tod. Rebekkas Amme Debora übt im Kontext der Heimkehr Jakobs also Stellvertreterfunktion aus. Sie steht für Rebekka. Jakob ist wieder (fast) zu Hause, gesegnet – auch von Gott, und mit dem Bruder versöhnt. Nun erst hat Rebekka ihre Funktion in der Erzählung wirklich erfüllt. Nun kann sie sich endgültig aus der Erzählung verabschieden. Sie tut es durch den Tod ihrer Amme.[130]

In V. 9–15 ereignet sich die letzte Gottesbegegnung Jakobs. In dieser Passage laufen mehrere Fäden der Erzählung zusammen und werden zu Ende geführt. Ein erster solcher Faden ist der Segen. Gott segnet Jakob bei seiner Heimkehr aus Mesopotamien. Jakob ist zwar gesegnet, auch von Gott gesegnet, aber den göttlichen Segen hat er nach jener undurchschaubaren Geschichte am Jabbok erhalten, in der Gott in Gestalt eines Mannes ohne Identität Jakob überfiel. Hier wird klar ausgesprochen, was bis dahin nur in subtilen Hinweisen im Text verborgen war: Gott segnet Jakob.

Ein zweiter Faden der Erzählung, der in V. 9–15 aufgenommen wird, ist Jakobs Umbenennung. Der neue Name Israel wird genannt, ohne weitere Begründung.

Drittens verheißt der Allmächtige Jakob noch einmal etwa das, was er ihm zu Beginn seiner Wanderschaft in Bet-El versprochen hatte. Das sind auf der einen Seite die Nachkommen. In dieser Verheißung sind gegenüber Kap. 28 »Volk und Versammlung von Völkern« bzw. die Könige, die von Jakob hervorgehen

130 Vgl. H. Seebass, Vätergeschichte II, 442, unter Berufung auf G. A. Rendsburg, Notes on Genesis XXV, VT XXXIV, 1984, 361–366.

sollen, neue Elemente. Es geht also nicht allein um die Fortführung der Familie, sondern um die Etablierung eines Volkes, ja durch die Erwähnung von Königen sogar eines Staates. Auf der anderen Seite verheißt Gott Jakob Land, das Land, das er schon Abraham und Isaak gegeben hat. Hier, wo Jakob gerade dieses Land nach langem Aufenthalt in der Fremde betritt, gewinnt diese Verheißung an Bedeutung. In Kap. 28, wo Jakob als Flüchtling sich eben anschickte, das Land zu verlassen, war die Erfüllung einer solchen Verheißung ferne Zukunftsmusik. In Kap. 35 wird die damals ferne und unerreichbare Zukunft in die Gegenwart hereingeholt. Die Verheißung wirkt realistischer.

Nach Segen, Umbenennung und Verheißung von Nachkommen und Land (die Mitseinsverheißung aus Kap. 28 fehlt, da Jakobs Wanderschaft nun zu Ende ist und diese Verheißung sich auf die Zeit seiner Wanderschaft bezog) fährt Gott auf von dem Ort, an dem er mit Jakob geredet hat (V. 13).

Jakobs Reaktion auf diese Erscheinung Gottes ist ein weiterer Faden der Gesamterzählung, der hier aufgenommen wird. Er stellt wie in Kap. 28 eine Mazzebe auf, gießt ein Trankopfer darüber und salbt sie mit Öl. Dazu gehört auch die Benennung des Ortes: Bet-El. Wie der Name Israel hier in Kap. 35 wird auch der Name Bet-El nicht weiter begründet.

Nicht ganz zu Unrecht bezeichnet E. Blum unseren Text als »eine der ganz wenigen ›echten‹ Dubletten in der Genesis«.[131]

»Gen 35,9 ff. ›erzählt‹ ... die Bethelepisode neu in einer ›revidierten‹ Fassung, bei der sie jeden kultätiologischen Inhalts entleert wird. Aus dem heiligen Ort, der Wohnung

131 E. Blum, Komposition, 267.

Gottes, wird die Stätte einer einmaligen Wortoffenbarung, aus dem heiligen Stein ein Erinnerungsmal.«[132]

Diese polemische Absicht, die Blum aus unserem Text herausliest, schreibt er einer priesterlichen Bearbeitung der Jakobserzählungen zu. Die Annahme ist plausibel. Aber diese zweite Gotteserscheinung ist mehr als »nur« versteckte Kritik am Kult von Bet-El. Sie ist, wenn wir von der historischen auf die literarische Ebene der Erzählung umsteigen, eine gute Zusammenfassung der Jakobserzählungen insgesamt. Vor allem seine Erfahrungen mit Gott in Bet-El und am Jabbok werden durch die Wiederaufnahme einzelner Stichworte und Motive zusammengefasst.

Fast wörtlich wird in 35,11f. der Reisesegen Isaaks an Jakob vor dessen Abreise nach Haran in 28,3f. wieder aufgenommen. Dort hatte Isaak den Wunsch ausgesprochen, der allmächtige Gott möge Jakob segnen, ihn fruchtbar machen und mehren, ja ihn zu einer Versammlung von Völkern machen. Auch das Land spielte in Isaaks Reisesegen an seinen Sohn eine Rolle.

Am Ende der Geschichte, nach bestandenen Abenteuern, geht Isaaks Wunsch nun in Erfüllung. Der allmächtige Gott zeigt sich Jakob und verspricht ihm Fruchtbarkeit und Nachkommen, die zu einer Versammlung von Völkern werden sollen, und dazu noch das Land, das er schon Abraham und Isaak gegeben hat.

In 35,9ff. laufen also tatsächlich mehrere Fäden der Erzählung zusammen, die das Stück als gewollten und auf den Kontext Bezug nehmenden Abschluss der Jakobsgeschichten ausweisen. Genau genommen ist es aber nur der Abschluss der Gottesgeschichten Jakobs,

---

132 E. Blum, Komposition, 269.

denn das 35. Kapitel hat noch einiges zu erzählen, was für die Person Jakobs wichtig ist.

2.5.5 Auf dem Weg nach Hause (1. Mose 35,16–27)

Die Gottesgeschichten Jakobs sind zu Ende. Aber zur Vollendung seiner Wanderschaft fehlt das Stück von Bet-El bis in die Gegend von Hebron, wo Isaak lebt. Auch ein anderes kleines Detail in der Erzählung verlangt eine Fortsetzung. In 30,24 hatte Rahel den Namen Josefs mit dem Wunsch begründet: »Der Herr möge mir noch einen (Sohn) hinzufügen.« Dieser zweite Sohn Rahels steht noch aus. In dieser Sache kann wieder ein Blick über die Familiengeschichte hinaus gewagt werden. Wir wissen seit Kap. 32, noch einmal bestätigt in Kap. 35, dass Jakob Israel ist. Die Namen seiner Söhne sind die Namen der Stämme Israels. Aber wir kennen zwölf Stämme, und Jakob sind erst elf Söhne geboren. Einer fehlt noch: Benjamin. Über seine Geburt berichten die Verse 16–20 in Kap. 35. Auf dem Weg von Bet-El in Richtung Hebron, kurz vor Efrata, wird Rahels zweiter Sohn geboren. Die Geburt ist schwer, für Rahel zu schwer. Sterbend gibt sie ihrem Sohn den Namen Ben-Oni, Jakob aber nennt ihn Ben-Jamin (V. 18). Rahel stirbt und wird am Weg, dort bei Efrata, begraben. Jakob errichtet einen Malstein, der Rahels Grab »bis auf diesen Tag« kennzeichnet (V. 20).

Der kurze Text liefert viel Information und birgt hintergründig auch Historisches. Welches ist zunächst die Bedeutung des Textes auf der literarischen Ebene der Gesamterzählung? Es wird der seit 30,24 ausstehende Sohn geboren. Aber warum muss Rahel bei der Geburt sterben?

Im Midrasch wird Rahels Tod mit dem Diebstahl der Terafim in Zusammenhang gebracht. Als Laban seine Hausgötter unter Jakobs Hausrat suchte, begegnete dieser dem Onkel kühn und nichts ahnend mit den Worten: »Bei wem du deine Götter findest, der soll nicht leben!« (31,32). Jetzt, bei Benjamins Geburt, sehen die jüdischen Ausleger die Zeit für die Erfüllung dieses unbedachten Ausspruchs Jakobs gekommen. Die in der biblischen Geschichte noch offen gebliebene Frage, ob und wenn ja, wie Rahel für den Diebstahl bestraft wird, erhält im Midrasch die Antwort, die sich aus dem logischen Weiterdenken der biblischen Erzählung ergibt.[133] Auch Th. Mann spürt den Zusammenhang zwischen den beiden Ereignissen. Im Roman sind Rahels letzte an Jakob gerichtete Worte vor ihrem Tod: »Und verzeih auch, [...] daß ich die Teraphim stahl.«[134]

Rahel stirbt, doch vorher gibt sie ihrem zweiten Sohn einen Namen. Was ist das aber für ein Name? Ben-Oni heißt so viel wie »Sohn meines Unglücks/Elends/meiner Trauer«. Zur augenblicklichen Situation Rahels passt der Name freilich, aber soll sein Träger ständig daran erinnert werden, dass er die Ursache des unglücklichen Todes seiner Mutter war? Mitnichten. Jakob will das auf jeden Fall verhindern, indem er eine Änderung des Namens vornimmt. Ben-Jamin soll der Junge heißen, »Sohn der Rechten« oder auch »Sohn des Südens«. Jakob gibt dem Namen eine deutlich positive Konnotation, die möglicherweise schon in dem von Rahel ausgesprochenen Namen steckt, aber wegen ihres unglücklichen Todes in den Hintergrund rückt. Der Namensteil Oni kann von *oneh* abgeleitet werden und ist dann tatsächlich mit den Begriffen »Unglück, Trauer, Elend« wiederzugeben.

133 Vgl. A. Wünsche, Bereschit Rabba, 371.

134 Th. Mann, Die Geschichten Jaakobs, 380.

Abb. 13: Marc Chagall: Rahel, Frau Jakobs

Es ist aber auch möglich, Oni von *on* abzuleiten, was »Zeugungskraft, Kraft, Stärke« bedeutet. So verstanden wäre Ben-Oni ein durchaus positiver Name. Das Kind soll jedenfalls bei diesem Namen nicht bleiben. Es kann auch gar nicht Ben-Oni heißen, da wir, historisch gesehen, in Erwartung des Stammes Benjamin sind. Als »Sohn des Südens« gibt der Name Ben-Jamin Gelegenheit zu einer kurzen Betrachtung des Textes aus (bibel-)historischer Perspektive.

Betrachtet man eine Karte mit der Verteilung der israelitischen Stämme in Palästina, so wird auffallen, dass Josef sich als Stammesname nicht auf der Karte findet, wohl aber Efraim und Manasse, die uns aus der

Josefsgeschichte als Söhne Josefs bekannt sind, und von denen Jakob in 1. Mose 48,5 sagt: »So sollen deine beiden Söhne Efraim und Manasse, die dir in Ägypten geboren wurden, bevor ich zu dir gekommen bin, mein sein so wie Ruben und Simeon.« Es ist eine Form der Adoption, die Jakob hier vollzieht und durch die er Josefs Söhne seinen Söhnen, den ersten beiden, Ruben und Simeon, gleichstellt. Vielleicht widerspiegelt sich in dieser Notiz die Tatsache, dass es nie einen Stamm Josef gegeben hat, wohl aber die Stämme Efraim und Manasse, die zusammengehörten. Betrachtet man nun die Karte, so stellt man fest, dass der Stamm Benjamin im Verhältnis zu »Josef«, also zu Efraim und Manasse, tatsächlich südlicher angesiedelt ist. Der zweite Sohn Rahels trägt also zu Recht den Namen »Sohn des Südens«, vielleicht auch deshalb, weil er von allen Jakobskindern am weitesten südlich geboren wurde.

Wirft man einen Blick in die Geschichte der beiden Reiche, Israel im Norden und Juda im Süden, so wird man bemerken, dass Benjamin eine Sonderstellung einnimmt. Geographisch gesehen liegt das Stammesgebiet Benjamins genau zwischen den beiden Reichen. Nicht zufällig gab es auch immer wieder Kriege um dieses Grenzgebiet.[135] Wer immer Benjamin zu Rahels Sohn gemacht hat, wollte seine Zugehörigkeit zu »Josef« bzw. dem Nordreich Israel besonders hervorheben.[136] Von dort aus gesehen ist Benjamin tatsächlich der »Sohn des Südens«.

Auf jeden Fall charakterisiert den Stamm Benjamin im Lauf der Geschichte eine gewisse Ambivalenz (An-

135 Vgl. z. B. 1. Kön 15,16ff. den Bruderkrieg zwischen Asa von Juda und Bascha von Israel.

136 H. Donner, Geschichte, 134.

sprüche auf das Territorium dieses Stammes hatten immer wieder auch die Judäer), die sich in der Erzählung von seiner Geburt in der Änderung seines Namens widerspiegelt.

Die kurze Episode von der Geburt Benjamins und dem Tod Rahels ist eine Geschichte, die die Nordreichstämme »Josef« und Benjamin als zusammengehörend ausweist. Sie haben dieselbe Mutter, beerdigt knapp vor der judäischen Grenze, unweit von Betlehem,[137] einer Stadt, die später den großen König David hervorbringen wird, in der Jesus geboren wird, und die allgemein als Ort gilt, der mit messianischen Hoffnungen verbunden wird (vgl. Mi 5,1). Um das Grabmal Rahels bei Efrata-Betlehem versammeln sich Nord- und Südreich, und es vereinen sich Vergangenheitserinnerungen, gegenwärtige Geschehnisse und zukünftige Hoffnungen. H. Seebass fasst die kurze Episode treffend zusammen:

»Diese Erzählung spricht in ihrer Menschlichkeit ganz für sich. Eine fromme Geschichte ist sie nicht, aber eine sehr wahrhaftige, und vor allem eine solche, die den Frauen Israels gewidmet ist. Rahel steht für die damals ausgeprägten Nöte der Geburten, aber vielleicht noch mehr für eine in Israels Erinnerung große Frau mit ihrem ›Sohn zur Rechten‹.«[138]

---

137 Problematisch ist die Gleichsetzung von Betlehem und Efrata in V. 19, denn Betlehem befindet sich auf judäischem Gebiet, aber entsprechend der Logik der Erzählung müsste sich Rahels Grabmal auf benjaminitischem Territorium befinden (vgl. auch 1. Sam 10,2). E. Vogt, Benjamin geboren ›eine Meile‹ von Ephrata, Biblica 56, 1975, 30–36, löst das Problem, indem er Efrata nicht als Ortsnamen auffasst, sondern als Wohngebiet der Efratiter, die unter anderem auch in dem judäischen Betlehem zu Hause sind.

138 H. Seebass, Vätergeschichte II, 453.

Rahel wird ohne viel Pomp begraben. Auch Th. Mann schmückt die Szene in seinem Roman nur mit ganz wenigen Worten aus. Jakob gibt Anweisungen zur Beerdigung: »Hebet ein Grab aus und höhlt ihr die Grube an der Mauer dort! Nehmet fein Leinen aus dem Gepäck, sie einzuhüllen, und erlest einen Stein zum Mal auf das Grab und zu ihrem Gedenken. Danach wird Israel weiterziehen, ohne Rahel und mit dem Kinde.«[139]

Er zieht weiter nach Migdal-Eder, einem Ort, der sonst unbekannt ist und Schwierigkeiten bei der Lokalisierung bereitet. Migdal-Eder heißt wörtlich übersetzt »Herdenturm«. Nach H. Seebass gab es solche Herdentürme zum Schutz des Viehs in großer Zahl.[140] E. Blum, unter Berufung auf weitere Forschungsmeinungen, sieht Migdal-Eder als Anspielung auf Jerusalem an, zumal in Mi 4,8 der Ophel, ein Stadtteil Jerusalems, Migdal-Eder genannt wird.[141] Die hauptsächlich nordisraelitische Jakobtradition würde, wenn man Migdal-Eder tatsächlich als Anspielung auf Jerusalem auffasst, dadurch mit dem judäischen Süden verbunden. Jakob würde also als gesamtisraelitischer Patriarch gelten. Übrigens wird er in 1. Mose 35,21 zum ersten Mal als Person bei seinem neuen Namen »Israel« genannt. Vielleicht ist auch das ein Hinweis darauf, dass es in dieser Notiz nicht nur um private Familienangelegenheiten geht.[142]

»Es geschah, als Israel in jenem Lande wohnte, da ging Ruben und beschlief Bilha, die Nebenfrau seines Vaters. Und Israel hörte …« (V. 22). Einiges an dieser

139 Th. Mann, Die Geschichten Jaakobs, 381.
140 Vgl. H. Seebass, Vätergeschichte II, 455.
141 Vgl. E. Blum, Komposition, 209.
142 Vgl. H. Seebass, Vätergeschichte II, 454.

Rubennotiz ist interessant. Zunächst einmal ist sie vermutlich unvollständig, denn mit »Israel hörte« wird eine Reaktion des Vaters zwar angedeutet, aber nicht ausgesprochen. Die Septuaginta ergänzt »und böse erschien es ihm«. Es versteht sich von selbst, dass Jakob-Israel es nicht für gut befinden kann, wenn einer seiner Söhne sich an einer seiner Frauen vergreift. Das würde bedeuten, dass der Sohn die Absicht verfolgt, die Stelle des Vaters einzunehmen. Die Bibel kennt ähnliche Geschichten: Abschalom, König Davids Sohn, bemächtigt sich der Nebenfrauen seines Vaters in dem Bestreben, selber König zu werden (2. Sam 16,20–23). Auch Adonia, ein weiterer Sohn Davids, versucht, als Salomo und nicht er zum Thronfolger bestimmt wird, Abischag von Sunem, die letzte Konkubine seines Vaters, zur Frau zu nehmen und damit auch an der Macht und am Königtum Davids Anteil zu bekommen (1. Kön 2,13 ff.). Die Tatsache, dass Ruben sich der Nebenfrau seines Vaters nähert, ist also weit mehr als ein Seitensprung. Ruben tastet die Machtposition des Vaters an. Das Ereignis wiegt noch schwerer, weil Bilha – wie sonst nie – als Jakobs Nebenfrau bezeichnet wird und nicht etwa als Magd oder Sklavin. Sie ist zwar nicht eine der erbberechtigten Hauptfrauen Jakobs,[143] aber als Nebenfrau nimmt sie doch einen anderen Status ein als den einer Sklavin. Noch schlimmer für Ruben wird es, weil Bilha, die gemeinsam mit Rahel in Jakobs Familie gekommen war, in gewisser Weise an die Stelle der verstorbenen Rahel getreten ist. Und Rahel war zweifelsohne Jakobs Lieblingsfrau.

Nicht zuletzt ist die Rubennotiz ein Gegenstück zu der Kurzerzählung von Benjamins Geburt. Dort ging

143 Vgl. H. Seebass, Vätergeschichte II, 454.

es um den Jüngsten. Hier ist der Älteste Hauptakteur. Beide verursachen dem Vater Schmerzen: Benjamin tötet die von Jakob geliebte Frau bei der Geburt; Ruben vergeht sich an Bilha, der lebenden Erinnerung an die verstorbene Rahel.

Die Rubennotiz scheint auf 1. Mose 49,3f., auf den Spruch Jakobs über Ruben hinzuweisen. Ruben wird dort diskreditiert, die Erstgeburt wird ihm abgesprochen, weil er das Lager seines Vaters bestiegen und entweiht hat. Dass hier eine Verbindung zu 1. Mose 35,22 besteht, liegt auf der Hand. Aber es ist in der Forschung leider nach wie vor umstritten, in welche Richtung die Abhängigkeit der Texte voneinander geht. Der Rubenspruch in 49,3f. liest sich im Prinzip wie die Fortsetzung von 35,22. Dass Israel von Rubens Tat hört, hängt, wenn man die Texte hintereinander liest, nicht mehr in der Luft, sondern hat die Folge, dass Ruben so etwas wie einen Anti-Segen erhält. Möglicherweise ist die Notiz in Kap. 35 nach dem Rubenspruch in Kap. 49 entstanden, damit die Diskreditierung Rubens zeitig vorbereitet wird. Aber warum sollte man so etwas in einer nur halb fertigen Notiz mitteilen? Das umgekehrte Abhängigkeitsverhältnis ist ebenfalls möglich, aber selbst dann verwundert die unvollständige Notiz 35,22. Die Schwierigkeit lässt sich auf dem heutigen Stand der Forschung kaum klären.

Nach dem unangenehmen Zwischenfall bei Migdal-Eder bringt Kap. 35 eine vollständige Liste der Jakobssöhne. Eigentlich würde diese Liste besser hinter V. 20 passen. Nach der Geburt Benjamins sind die Söhne komplett und könnten aufgezählt werden. Die Rubennotiz schiebt sich nicht ganz passend in den Zusammenhang, ein möglicher Hinweis darauf, dass sie ursprünglich nicht in diesem Zusammenhang stand und erst recht nicht auf ihren heutigen näheren Kontext hin geschaffen wurde. Allerdings fällt auch die Liste der Jakobssöhne in mancher Hinsicht aus dem Rahmen. Die Söhne werden nach ihren Müttern in der Reihenfolge Lea, Rahel, Bilha und Silpa aufgezählt. Dina, Leas Tochter, wird nicht mitgezählt. V. 26b wirkt störend: »Dies sind die Söhne Jakobs, die ihm in Paddan-Aram geboren wurden.« Diese Aussage scheint auf V. 16–20 keine Rücksicht zu nehmen. Benjamin ist gerade nicht in Paddan-Aram geboren, sondern in der Nähe von Betlehem. Die Liste in V. 23–26 nimmt in ihrer Reihenfolge der Mütter auch nicht auf die Erzählung von der Geburt der Jakobskinder (1. Mose 29 f.) Bezug. Zu Recht wird diese Liste also als eigenes Textstück angesehen und meistens der exilisch-nachexilischen Priesterschrift zugewiesen.

Welche Bedeutung hat dieses priesterliche Stück, eine wohl ursprünglich »politisch orientierte Liste, der es um die Zugehörigkeit bestimmter Stämme zu einem Verbund ging«,[144] für unseren Zusammenhang? In geraffter Form wird in der Liste dargelegt, dass sich die Verheißung der Volkwerdung (35,9–12) in der Vielzahl der Jakobssöhne erfüllt, die gleichzeitig Stämme Israels sind.[145]

Ebenfalls zur Priesterschrift gehören auch die letzten Verse von Kap. 35. Sie enthalten die Nachricht, dass Jakobs Wanderungen zu Ende sind. Er kommt zu seinem Vater nach Hebron, einem Ort, an dem Abraham und Isaak schon als Fremdlinge im Land Kanaan

---

144 M. Bauks, Genesis 35,22B–29, in: J. D. Macchi / Th. Römer (Hrsg.), Jacob, 276–290, hier 286.

145 M. Bauks, Genesis 35,22B–29, 286.

gelebt hatten. Der Vater Isaak stirbt 180-jährig. Man fragt sich beim Lesen, wieso Isaak bei der Heimkunft Jakobs nach so vielen Jahren noch lebt. Er hatte doch in Kap. 27 zumindest vorgegeben, im Sterben zu liegen. Das war der Anlass für seinen Wunsch, den Segen weiterzugeben, ja es war eigentlich der Auslöser der gesamten Geschichte. Freilich kann man solche Inkohärenzen und Differenzen literarkritisch auflösen, aber diese letzte Notiz bleibt für die gesamte Jakobserzählung bedeutsam. Der Vater stirbt alt und lebenssatt, erst jetzt, nachdem er die Erfüllung des vor Jahren fälschlich erteilten Segens selbst, mindestens im Ansatz, erleben kann. Der von ihm mit dem Segen bedachte Jakob ist wirklich zu einem Gesegneten geworden. Das bezeugen seine vielen Kinder und der gesamte Besitz. Er ist von seiner erzwungenen Wanderschaft zurück und kann nun, wie im Herrschaftssegen verheißen, die Stelle seines Vaters einnehmen. Nun endlich kann Isaak ruhig sterben.

Die Notiz enthält einen weiteren, für die Gesamterzählung wichtigen, wenn auch gerne überlesenen Satz: Esau und Jakob begraben ihren Vater. Es ist nichts Ungewöhnliches daran, dass zwei Brüder ihren Vater zu Grabe tragen, aber in unserem Kontext ist es dennoch etwas Besonderes. Die Beerdigung des Vaters bringt die Brüder noch einmal zusammen. Die Versöhnung zwischen ihnen wird dadurch bekräftigt. Und Esau wird zuerst genannt, selbst wenn Jakob nun Herr im Hause ist, wie 1. Mose 37,1 bestätigt: »Jakob aber wohnte in dem Land, in dem sein Vater ein Fremdling war, im Land Kanaan.« Esau ist und bleibt trotz allem der Erstgeborene. Das bestätigt die Esaugenealogie in Kap. 36 – auch dies ein Fremdkörper innerhalb der Jakobserzählungen. An einem Gedanken soll das verdeutlicht werden. In der Einführung der so genannten

»Königsliste« (36,31–39) steht: »Dieses sind die Könige, die im Land Edom regierten, bevor die Kinder Israel einen König hatten« (V. 31). Was bedeutet das auf der literarischen Ebene der Erzählung, unabhängig von allen historischen oder literarkritischen Fragestellungen?[146] Wohl doch, dass Esau, der sein Erstgeburtsrecht und auch den Erstgeborenensegen an seinen Bruder verloren hat, nicht auf der ganzen Strecke der Verlierer ist. Durch die ausführliche Genealogie und die Erwähnung von Königen, die ihm unter den Nachbarvölkern Israels einen besonderen Status einräumten, wird Esau ehrenhaft aus der Erzählung entlassen.

3. Von Jakobs Nachkommen, dem Segen und dem Ende des Patriarchen

»Und Jakob wohnte im Heimatland seines Vaters, im Land Kanaan« (37,1). Damit sind die Jakobserzählungen zu Ende. Der Bogen schließt sich. Jakob ist nach langer und abenteuerlicher Wanderschaft endlich wieder zu Hause, dort, wo er hingehört. Er ist gesegnet worden, auch von Gott, mit einem Segen, der in seiner zahlreichen Familie und seinem beträchtlichen Viehbesitz schon sichtbar geworden ist. Aber diesen Segen soll Jakob nicht für sich behalten. Sagte nicht Gott in Bet-El zu dem Träumer, der vor seinem Bruder geflohen war: »In dir und in deinen Nachkommen sollen gesegnet werden alle Sippschaften der Erde« (28,14)?

---

146 Nach E. A. Knauf, Genesis 36,1–43, in: J. D. Macchi / T. Römer (Hrsg.), Jacob, 291–300, ist die historische Entwicklung dem biblischen Bericht widerläufig: Edom hat sich um 700 v. Chr. erst nach Israel und Juda als Staat etabliert.

Die Geschichte des Segens geht also weiter, und Jakob geht mit. Er hat in Sachen Segen noch Gewichtiges zu sagen, selbst wenn er in den folgenden Kapiteln nicht mehr im Vordergrund steht.

Mit den Geschlechterfolgen Jakobs (37,2) beginnt die Geschichte seiner Nachkommen, von denen Josef, der Erstgeborene Rahels, die Hauptrolle spielt. Der Auslöser der Ereignisse, die die Josefsgeschichte aus-

Abb. 14: Jakobs Traum von der Himmelsleiter,
Fragment eines Psalteriums flämischer Schule, Mitte 12. Jh.

machen, ist Jakobs besondere Liebe zu diesem Sohn, was mit dem Neid seiner weiteren Söhne einhergeht. Wie schon in der Generation davor die besondere Vorliebe eines Elternteils für je einen der beiden Söhne (25,28) mit dazu beitrug, dass ein Konflikt zwischen Jakob und Esau entstand, so ist auch hier die innige Vater-Sohn-Beziehung ein Störfaktor für das Verhältnis der Brüder zueinander. Die Brüder beneiden Josef und verachten ihn gleichzeitig wegen seines Sonderstatus. Josefs bunter Rock ist nur der sichtbare Aufhänger für ihre Gefühle der Abneigung, und dann kommen noch seine überheblichen Träume dazu, über die sich sogar sein Vater ärgert. Und doch heißt es in 37,11: »Sein Vater aber bewahrte das Ereignis (behielt es im Sinn).« Als ob er geahnt hätte, dass Josefs Traum über Sonne, Mond und Sterne, die sich vor ihm verneigen, nicht nur kindlichem Übermut entspringt. Den Brüdern allerdings fehlt diese Art von Klarsicht. Sie wollen den Störenfried loswerden und verkaufen ihn im geeigneten Moment als Sklaven an eine Handelskarawane. Seinen bunten Rock tränken sie in Blut und schicken ihn mit großem Bedauern und einer Lüge dem Vater.

Jakob macht die Nachricht vom Tod seines Sohnes buchstäblich fertig. Er zerreißt seine Kleider, kleidet sich in einen Sack und trauert lange Zeit um den Sohn. Alle seine Kinder versuchen, ihn zu trösten, er aber verweigert den Trost und will lieber zu dem geliebten Sohn ins Totenreich hinabsteigen (37,34f.).

Josef auf der anderen Seite erfreut sich bester Gesundheit, wenn auch nicht vollkommener Freiheit. Aber er ist fleißig und zielstrebig und kann auch manche unangenehme Situation gut meistern. Kurzum, nach Aufenthalten bei Potifar und wegen Frau Potifar dann im ägyptischen Gefängnis erklimmt er auf

Grund seiner Fähigkeit, die Träume Pharaos zu deuten, die höchste Stufe der Karriereleiter. Der Dreißigjährige wird zur rechten Hand des Pharao. Er hat die Ernte in den guten und die Versorgung mit Lebensmitteln in den schlechten von ihm gedeuteten Jahren zu überwachen. Ägypten ist in Josefs Hand gut aufgehoben, so gut, dass auch für die Bewohner ringsum in der Zeit der Hungersnot noch etwas abfällt. Auch Josefs Brüder profitieren davon, dass das Krisenmanagement in Ägypten so gut funktioniert. Ihre erste Reise nach Ägypten verläuft für sie allerdings mit einigen Überraschungen. Josef, der von ihnen – wohl auch wegen seines ägyptischen Outfits – nicht erkannt wird, behält Simeon als Geisel zurück und fordert von ihnen, den jüngsten Bruder beim nächsten Mal mitzubringen, damit er sich davon überzeugen kann, dass sie keine Spione sind. Dann entlässt er sie mit ihrem je eigenen Geldbeutel im Getreidesack.

Für Jakob ist dieses erste ägyptische Erlebnis seiner Söhne so unheimlich, dass er sich standhaft weigert, Benjamin, den zweiten und letzten Sohn seiner geliebten Rahel nach Ägypten ziehen zu lassen. Selbst auf das Angebot Rubens, dass er zwei seiner eigenen Söhne das Leben nehmen könne, wenn dem »Kleinen« auf der Reise etwas zustoßen sollte, geht der Vater nicht ein. Jakobs Schmerz über Josef, nun noch verstärkt durch den Verlust Simeons, würde sich über das Maß des Erträglichen hinaus steigern, wenn er auch Benjamin verlieren würde. Das kann er nicht zulassen:

»Mein Sohn wird nicht mit euch hinabsteigen, denn sein Bruder ist gestorben, und er allein ist übrig geblieben, und wenn ihm ein Unglück zustoßen würde auf dem Weg, den ihr geht, dann würdet ihr meine grauen Haare mit Schmerz ins Totenreich bringen« (42,38).

Doch der Hunger drückt, und nun weigern sich die Söhne, eine zweite Reise nach Ägypten ohne Benjamin zu unternehmen. Jakob ist verzweifelt. Er sieht das große Unglück, auch den zweiten Rahelsohn zu verlieren, schon kommen. Er macht seinen Söhnen Vorwürfe. Warum mussten sie diesem unheimlichen ägyptischen Kornkammeraufseher etwas von einem Bruder erzählen (43,7)? Hätten sie geschwiegen, so wären sie jetzt nicht in dieser furchtbaren Situation gewesen. Schweigen sei nicht möglich gewesen bei den Fragen, die der Mann stellte, entgegnen die Brüder und überzeugen den Vater letztlich doch, seinen Jüngsten herzugeben. Das Geld nehmen sie wieder mit und Geschenke, um den Ägypter gnädig zu stimmen.

Wieder erfreuen sich die Jakobssöhne in Ägypten besonderer Behandlung, die aber ein bitteres Nachspiel hat. Der silberne Wahrsagebecher des Mannes wird bei Benjamin im Sack gefunden. Welch ein Unglück! Und dann will der Ägypter auch noch den »Dieb« als Sklaven behalten. Das können die Brüder nicht zulassen. Der Vater würde eine solche Nachricht nicht verkraften. Juda hält eine sehr eindrückliche Rede, die bewirkt, dass Josef sich unter lautem Weinen den Brüdern zu erkennen gibt. Die Begrüßung ist herzlich und die Trennung nicht sehr schmerzlich, denn Josef entlässt seine Brüder mit der Einladung, mit Familien und Besitz und dem alten Vater nach Ägypten zu kommen und sich im Land Gosen niederzulassen.

Jakob, immer noch sehr in den Schmerz über den Verlust Josefs vertieft, glaubt dem Bericht seiner Söhne zunächst nicht, doch die Wagen und die Geschenke von Josef lassen seinen Geist aufleben (45,27). Der fast schon gebrochene Alte wird nun von der Hoffnung beseelt, seinen totgeglaubten Sohn wiederzusehen. Der Entschluss ist schnell gefasst: »Viel ist es, dass mein Sohn Josef noch lebt. Ich will hingehen und ihn sehen, bevor ich sterbe« (45,28).

Ein ansehnlicher Menschenzug setzt sich in Richtung Ägypten in Bewegung. Bei Beerscheba erscheint Gott dem alten Jakob ein allerletztes Mal und bestätigt seine Ägyptenreise. Es ist nicht einfach, das verheißene Land, das nach langer Wanderschaft und vielen Abenteuern endlich in Besitz genommen wurde, nun kurzerhand wieder aufzugeben. Gott erscheint ihm gerade im richtigen Moment.

»Ich bin der Gott, der Gott deines Vaters. Fürchte dich nicht davor, nach Ägypten hinabzusteigen, denn zu einem großen Volk werde ich dich dort machen. Ich werde mit dir nach Ägypten hinabgehen und ich werde dich auch wirklich heraufführen. Josef aber wird seine Hand auf deine Augen legen« (46,3f.).

Es ist hier nicht die Rache des Bruders, sondern die Hoffnung auf das Wiedersehen des Sohnes, die Jakob erneut zum Aufgeben seiner Heimat zwingt. Es ist allerdings keine Flucht mit einem Wasserschlauch und einem Stück Brot, sondern ein geordneter Umzug der gesamten Sippschaft, aber es ist wie damals auf der Flucht ein Wendepunkt im Leben Jakobs. Und Gott ist hier, wie er es in Bet-El war, wieder zur Stelle und verheißt Jakob seinen Geleitschutz. Dort in Ägypten, so sagt Gott, soll sich die Verheißung von der Volkwerdung endlich erfüllen. Eine zahlreiche Familie hat Jakob schon und den Namen Israel auch, aber bis zur Volkwerdung ist noch eine Wegstrecke zurückzulegen. Diese Gottesverheißung, wohl ein später Text, schafft die Verbindung zwischen Vätergeschichten und Exodusgeschichte. Der Vater Jakob muss mit seiner Familie nach Ägypten wandern, damit Israel von dort herausgeführt werden kann.

Neben der Verheißung der Volkwerdung spricht Gott Jakob auch sein Geleit zu. Jakob hat nichts zu befürchten. Sein Auszug aus dem verheißenen Land steht unter Gottes Schutz. Für Jakob persönlich ist die dritte Aussage des Gotteswortes am wichtigsten: Josef, der totgeglaubte Sohn, wird dem Vater bei dessen Tod die Augen schließen. Das ist der so lange ersehnte Trost für seine so schmerzlich verwundete Seele. Für Jakob ist gewiss dieses Letzte der eigentliche Beweggrund seiner Reise. Er will seinen Sohn noch einmal sehen, bevor er stirbt. Und genau das sagt er ihm, als Josef ihm in Ägypten entgegenzieht und ihn begrüßt: »Diesmal kann ich doch sterben, nachdem ich dein Angesicht gesehen habe, dass du noch lebst« (46,30).

Nun hat Jakob endlich seinen Seelenfrieden gefunden. Seine bisherigen Auftritte in der Josefsgeschichte waren immer sehr von Angst und Leiden geprägt. Die Nachricht, dass sein geliebter Sohn Josef tot sei, hat den alten Vater fast ins Grab gebracht, ebenso der Gedanke an einen möglichen Verlust Benjamins. Aber der Schrecken, den er erfahren hat, hat ihn gerade nicht sterben lassen. Erst jetzt, nachdem er sich mit eigenen Augen davon überzeugt hat, dass die Rahelkinder am Leben sind, kann er sich zur Ruhe legen.

Es ist allerdings noch nicht so weit, denn Jakob kann zwar auf ein erfülltes und aufregendes Leben mit vielen Höhe- und Tiefpunkten zurückblicken und hat nichts mehr zu verlieren, wenn er sich sterbend aus der Geschichte verabschiedet, aber erst muss der Segen noch weitergegeben werden. Das geschieht in den letzten Kapiteln des ersten Mosebuches.

Zuerst ist in dem grandiosen Auftritt Jakobs vor dem Pharao von Segen die Rede (47,7–10):

»Und Josef brachte seinen Vater Jakob und stellte ihn vor den Pharao. Und Jakob segnete den Pharao. Da sprach der Pharao zu Jakob: Wie viele Tage zählen die Jahre deines Lebens? Da sprach Jakob zum Pharao: Die Tage der Jahre meiner Fremdlingschaft zählen 130 Jahre. Wenig und böse waren die Tage der Jahre meines Lebens und reichen nicht an die Tage der Lebensjahre meiner Väter in ihrer Fremdlingschaft heran. Da segnete Jakob den Pharao und ging von ihm hinaus.«

Bei einer solchen Darstellung erübrigt sich fast jeder Kommentar. Wie unerhört! Der Viehbesitzer aus Kanaan segnet den Pharao, sogar zweimal (V. 7.10.). Der Patriarch strahlt dabei eine Würde aus, die sogar den Pharao in seinem Glanz in den Schatten stellt. Fast verlegen nimmt sich in dieser großartigen Szene die Frage Pharaos nach dem Alter des ehrwürdigen Mannes aus. Jakobs Antwort ist souverän und fasst seine gesamte Lebensgeschichte in etwas pessimistischer Weise mit den Begriffen kurz, schlecht und ständig auf Wanderschaft zusammen. Mit einem weiteren Segen verabschiedet sich Jakob vom Pharao.

»Es sollen gesegnet werden in dir und deinen Nachkommen alle Sippschaften der Erde« hatte Gott dem Träumer in Bet-El verheißen (28,14). »In deinen Nachkommen« – die Ägypter erfahren diesen Segen, verkörpert in der Gestalt Josefs, der für ihr leibliches Wohl sorgt, und auch weitere »Sippschaften der Erde« profitieren von diesem Segen. Nun tritt der Segensträger Jakob selbst ins Bild und segnet den Pharao. Damit wird m. E. diese Aussage unterstrichen.[147]

---

147 Vgl. C. Westermann, Die Joseph-Erzählung. Elf Bibelarbeiten zu Genesis 37–50, Stuttgart 1990, 101.

Nun aber ist es an der Zeit, den Segen an die eigenen Kinder weiterzugeben. Jakob ist 147 Jahre alt, als er Josef den Schwur abnimmt, ihn nicht in Ägypten, sondern im Familiengrab Machpela zu begraben (47,27ff.). Dann segnet er zuerst Josefs Söhne Efraim und Manasse (Kap. 48) und dann seine eigenen zwölf (Kap. 49).

Kap. 48 ist insofern interessant als es eine Umkehrgeschichte zum Segen Isaaks über Jakob und Esau (Kap. 27) ist. Als Josef erfährt, dass sein Vater krank ist, kommt er mit seinen beiden Söhnen zu ihm. Jakob reißt für diese Begegnung alle seine Kräfte zusammen. Nach einem kurzen Rückblick über seine Gottesbegegnungen und die Verheißungen, die ihm damit im Zusammenhang zuteil geworden sind (V. 3f.) macht er eine Aussage, die meist als ein Akt der Adoption, besser vielleicht der Legitimation gewertet wird:

»So sollen deine beiden Söhne Efraim und Manasse, die dir in Ägypten geboren wurden, bevor ich zu dir gekommen bin, mein sein so wie Ruben und Simeon. Deine Nachkommen aber, die du nach diesen zeugen wirst, sollen dein sein, und nach dem Namen ihrer Brüder sollen sie in ihrem Erbteil genannt werden« (V. 5f.).[148]

Durch diese Worte werden Josefs Söhne, die von einer ausländischen Mutter im ägyptischen Ausland geboren wurden, in die Familie integriert, und zwar nur diese beiden, Efraim und Manasse. Weitere mögliche Nachkommen Josefs werden davon ausdrücklich ausgeschlossen. Das ist stämme- und volksgeschichtlich

148 Zur Adoption vgl. C. Westermann, Genesis. 3. Teilband. Genesis 37–50, BK:AT I/3, Neukirchen-Vluyn 1982, 207f.; auch E. Blum, Komposition, 252.

relevant, insofern als hier erklärt wird, wieso Efraim und Manasse vollgültige Stämme Israels sind, den anderen gleich, die sich direkt von Jakob-Israel ableiten. Das hat auch für Josef Konsequenzen, denn wenn seine Söhne nun den Söhnen seines Vaters gleichgestellt werden, dann

»steigt auch Josef eine Stufe höher und erhält gleichfalls eine Doppelstellung: er ist ein Sohn Jakobs, tritt aber als Vater von Stammhäuptern in eine Linie mit ihm [...] Es ist die höchste Ehre und Liebe, die Jakob unmittelbar vor seinem Tode dem stets geliebtesten Sohne antut, indem er ihn sich selber gleichsetzt. Joseph erhält jetzt vom Vater eine Würde, die im eigenen Volke wurzeln und dauernder sein wird als die von Pharao verliehene [...] Er wird gewissermaßen der vierte Stammvater des Volkes Israel [...]«.[149]

Der Akt der Legitimierung der Josefssöhne als »Israeliten« spielt aber auch für den Fortgang der Handlung in diesem 48. Kapitel eine Rolle. Es wird schon hier klargestellt, dass der jüngere Bruder vor den älteren gesetzt wird, nicht nur durch die Reihenfolge der Namen Efraim und Manasse, sondern vor allem durch ihre Gleichstellung mit Ruben und Simeon (in dieser Reihenfolge!). Efraim entspricht also Ruben, dem Erstgeborenen, und Manasse dem zweiten Sohn Simeon.

Bevor die beiden gesegnet werden, blickt Jakob noch einmal auf den Tod Rahels, seiner geliebten Frau, zurück (V.7). Die eigentliche Segnung beginnt mit Jakobs Frage nach den Söhnen Josefs. Es ist merkwürdig, dass er fragt, wer sie sind, nachdem er sie gerade erst »adoptiert« hat, aber das waren Worte, die sich an

149 B. Jacob, Genesis, 868.

Josef richteten und nicht an dessen Söhne selbst. Zudem ist Jakob, wie wir in V. 10 nachträglich informiert werden, altersblind. Josef gibt dem Vater über seine Söhne Auskunft und bringt sie ihm auf dessen Geheiß näher, damit er sie segne. Jakob aber küsst und umarmt sie erst. Dann stellt Josef Manasse und Efraim für den Segen in die richtige Position. Ungewöhnlich ausführlich wird berichtet, dass Manasse, der ältere Sohn, zu Jakobs rechter Hand steht und der jüngere Efraim zu seiner linken.

Als der alte Isaak seine Söhne segnete (Kap. 27), wurde ihm seine Blindheit zum Verhängnis. Er ließ sich täuschen und segnete die Söhne in umgekehrter Reihenfolge. Niemand sorgte dafür, dass alles mit rechten Dingen zugeht, im Gegenteil, die Situation wurde von Jakob und Rebekka zum eigenen Vorteil ausgenützt. Hier aber sorgt Josef dafür, dass so ein Fehler nicht geschieht. Doch er wird von seinem blinden Vater überlistet. Jakob kreuzt die Arme und legt sie so den Knaben aufs Haupt. Hier ist der Blinde nicht der Betrogene, sondern der Betrüger.

Isaak wusste nicht, wer vor ihm stand, als Jakob mit dem falschen Wildbret bei ihm eintrat, und sämtliche Entlarvungsversuche schlugen fehl. Also segnete er unwissentlich den Falschen. Jakob aber weiß dank der Sorge Josefs wohl, wer zu seiner Rechten und zu seiner Linken steht und kehrt die Ordnung wissentlich um. Und er spricht einen Segen oder eher eine Bitte um den Segen des Gottes der Väter, der auch ihn bis zu diesem Tag begleitet hat, für die beiden Knaben (V. 15 f.).

Josef, der sich von seiner gründlichen Vorbereitung für diesen Segen etwas anderes erhofft hat, ist enttäuscht von seinem Vater und versucht, die Angelegenheit noch ins rechte Lot zu rücken. Der Alte aber bleibt stur bei seiner Umkehrung und antwortet auf Josefs Zurechtweisung, dass Manasse der Erstgeborene sei, souverän:

»Ich wusste es, mein Sohn, ich wusste es. Auch er wird zu einem Volk werden, und auch er wird wachsen, aber sein kleiner Bruder wird größer sein als er, und seine Nachkommen werden eine Fülle von Völkern sein« (V. 19).

Jakob musste die Reihenfolge einfach umkehren, nicht nur aus stämmegeschichtlichen Gründen – Efraim war bedeutender als Manasse –, sondern, wenn man den literarischen Kontext der Jakobserzählungen berücksichtigt, um seinen eigenen Segen zu legitimieren. Er, der Jüngere, hatte sich den väterlichen Segen erschlichen. Dass das nicht nur ein Unfall war, sondern dass der Segen dem Jüngeren zusteht, das zeigt er nun hier, indem er die Söhne Josefs wissentlich und absichtlich in umgekehrter Reihenfolge segnet.

Er bedenkt im Zusammenhang dieses Segens auch Josef noch mit »einer Schulter« (*schechem*) – der Name Sichem klingt in diesem Ausdruck mit an –, die er seinen Brüdern voraus haben soll. Es handelt sich offensichtlich um ein Stück Land, welches Jakob persönlich den Amoritern mit Schwert und Bogen abgekämpft hat (V. 22). Wie auch immer diese Aussage genau ausgelegt wird, es handelt sich um eine Hervorhebung Josefs. Jakob zieht, ganz im Sinne des vätergeschichtlichen Prinzips zwar nicht seinen Jüngsten, aber den jüngsten Erstgeborenen Josef den weiteren Söhnen vor, indem er ihm ein besonderes Stück Land in Kanaan zuspricht. Er segnet ihn auch vor allen anderen (wenn man »da segnete er Josef« in V. 15 ernst nimmt) bzw. dessen Söhne, und auch diese gegen die natürliche Geburtsordnung.

Über die Gesamtheit der Söhne Jakob-Israels gibt Kap. 49 Auskunft, ein Text, der weit davon entfernt ist, eine definitive Klärung erfahren zu haben.[150]

Abgesehen von den textlichen und auch entstehungsgeschichtlichen Schwierigkeiten, die das 49. Kapitel bietet, wird hier deutlich, dass Jakob den Segen weitergibt und zwar nicht an den Erstgeborenen, sondern zunächst an den fast Jüngsten, an Josef. In der vermutlich späteren Textfassung wird dann auch Juda – auch er nicht als Erstgeborener – mit einem ausführlichen und positiven Wort bedacht. Der Segen geht also wie bisher in den Vätergeschichten auch einlinig bzw. in Parallelfäden geradlinig weiter. Und weil Josef und Juda für das Nordreich Israel und das Südreich Juda stehen, markiert dieser Sterbesegen Jakobs gleichzeitig die Einmündung der Familiengeschichte in die Volksgeschichte. Jakob trägt zwar schon den Namen Israel, aber das Volk Israel, verkörpert durch Josef und Juda, ist noch im Werden. Und es wird, begleitet vom Segen und den Wünschen des sterbenden Vaters.

»Da hörte Jakob auf, seinen Söhnen zu gebieten, tat seine Füße auf dem Bett zusammen und starb. Und er wurde versammelt zu seinen Vorfahren« (49,33).

---

150 Über die Entstehung von 1. Mose 49 wird kontrovers diskutiert. Vgl. z. B. in neuerer Zeit die Thesen von K. Sparks, Genesis 49 and the Tribal Tradition in Ancient Israel, ZAW 115, 2003, 327–347, der von einer ursprünglichen nordisraelitischen Zehn-Stämme-Liste aus dem 8. Jh. v. Chr. ausgeht, die später in Juda um Simeon und Levi ergänzt und in der der Vorzug von Josef auf Juda übertragen wurde, bzw. K. Schöpflin, Jakob segnet seinen Sohn, ZAW 115, 2003, 501–523, die eine ursprüngliche Fassung der Josefsgeschichte annimmt, in der Josef allein gesegnet wird.

Würdig, wie der alte Herr selbst vor allem in der ägyptischen Zeit seines Lebens dargestellt wird, ist seine Beerdigung. Die Trauer um den Patriarchen ist groß. Ganz Ägypten trauert 70 Tage um den Verstorbenen. Unzählige begleiten ihn auf seinem letzten Weg nach Kanaan, nicht nur Josef und seine Brüder, sondern auch »alle Großen des Pharao, die Ältesten seines Hauses und alle Ältesten Ägyptenlands« (50,7). Das ist grandios und gewiss übertrieben. Ägypten muss für die Dauer der Reise der Trauergesellschaft fast entvölkert gewesen sein, wenn man der Darstellung Glauben schenkt. Aber eines wird deutlich: Jakob wird hier als Israel zu Grabe getragen, als Staatsoberhaupt gewissermaßen. In seinem Tod ist er nicht der elende Hirte aus Kanaan, sondern der Stammvater Israels. Als solcher wird er feierlich in heimatlicher Erde in der Höhle Machpela beigesetzt (50,12f.).

4. Erwägungen zum Entstehungshintergrund der Jakobserzählungen

Die Jakobserzählungen lassen sich, wie wir in unserem Durchgang gesehen haben, mit einigen Unterbrechungen (Kap. 26; 34; 36), als zusammenhängende Einheit lesen. Nichtsdestotrotz haben wir es nicht mit einer einheitlichen Erzählung zu tun, die aus der Feder eines einzigen Autors stammt.

Die Erzählungen sind über eine ganze Reihe von Querverbindungen sehr gut miteinander verarbeitet worden, so dass es sehr schwer fällt, eine ganz saubere Trennung vorzunehmen. Ebenso wird aber auch deutlich, dass historisch sehr unterschiedlich verortbares Material in die Jakobserzählungen aufgenommen wurde. Einiges davon hat bei der Darstellung schon

Erwähnung gefunden, so etwa die Segenssprüche Isaaks an Jakob bzw. Esau (1. Mose 27,27–29.39–40), die gemeinhin auf dem Hintergrund der Unterwerfung Edoms durch David bzw. der Befreiung Edoms unter Joram von Juda im 9. Jh. v. Chr. verstanden werden. Auch Jakobs Auseinandersetzung und Bundesschluss mit dem Aramäer Laban (1. Mose 31) könnte eventuell die Auseinandersetzungen zwischen dem Nordreich Israel und den Aramäern im 8. Jh. v. Chr. im Blick haben. Bet-El könnte eine Rolle spielen. Dort hatte Jerobeam I. nach 1. Kön 12,28 ff. ein goldenes Stierbild in der Hoffnung aufgestellt, dass die Nordisraeliten nicht mehr das im Südreich befindliche Heiligtum in Jerusalem aufsuchen würden. Sollte die Erzählung über Jakobs Traum in Bet-El (»Wie heilig ist dieser Ort! Hier ist nichts anderes als Gottes Haus und hier ist das Tor des Himmels!«, 1. Mose 28,17) die Heiligtumsgründung Jerobeams I. legitimieren wollen?[151] Möglich ist es, aber nicht sicher, denn das Heiligtum von Bet-El spielt noch bis in exilisch-nachexilische Zeit eine Rolle (vgl. Sach 7,2 f.). Jakobs Traum muss also nicht auf die singuläre Aktion Jerobeams Bezug nehmen.

Der Wettstreit zwischen Jakobs Frauen widerspiegelt die Rivalität zwischen dem Nordreich Israel und dem Südreich Juda. Es lässt sich aber kaum mit Genauigkeit ein einzelnes historisches Ereignis als Hintergrund für diese Rivalität der Frauen bestimmen. Da gibt es die Territorialprobleme zwischen Asa von Juda und Bascha von Israel im 8. Jh. v. Chr., aber auch schon die Rivalität zwischen Saul und David, die – selbst wenn die Geschichten sie als gesamtisraelitische

151 So E. Blum, Komposition, 180 f.

Könige bezeichnen – doch eher für den Norden bzw. eher für den Süden stehen. Gleiches gilt für die Ereignisse rund um den so genannten syrisch-efraimitischen Krieg (734–732 v. Chr.), wo die Israeliten durch Einmischung in die inneren Angelegenheiten und Anzettelung eines Bruderkrieges den letztendlich gescheiterten Versuch unternehmen, die Judäer für eine antiassyrische Koalition zu gewinnen. Wenn wir den Büchern Esra und Nehemia folgen, dann bleibt die Rivalität zwischen Samaria und Jerusalem, also zwischen Nord und Süd bis in nachexilische Zeit hinein bestehen.

Es ist auf Grund dieses sehr vagen Befundes kaum möglich, die Entstehungsgeschichte der Jakobserzählungen im Einzelnen nachzuzeichnen. Selbst die Jakob-Perikope in Hos 12 kann allenfalls nahe legen, dass es im 8. Jh. v. Chr. Jakobserzählungen gegeben hat, die teilweise denen im 1. Buch Mose weitergegebenen entsprechen. Das allerdings gilt nur unter der Voraussetzung, dass Hos 12 tatsächlich auf den Propheten gleichen Namens aus dem 8. Jh. v. Chr. zurückgeht. Das ist eine in der Forschung immer wieder angefochtene Annahme.

Hos 12 ist für die Erzählungen über den Patriarchen Jakob aus dem 1. Buch Mose wohl die wichtigste Bibelstelle. Efraim bzw. das Haus Israels werden vom Propheten des Betrugs beschuldigt (Hos 12,1). Der Betrug Israels wird als ein schon in den Handlungen des Stammvaters gründendes Übel dargestellt. Dabei nimmt der Prophet auf Jakobüberlieferungen Bezug, die er als bekannt voraussetzt, da seine Bezugnahme lediglich in Andeutungen erfolgt. Wichtig sind vor allem die Verse 4f. und 13f.

Hos 12,4 spricht davon, dass Jakob seinen Bruder schon im Mutterleib hintergangen habe. Das Verb *akab*, das dem Namen Jakob zu Grunde liegt, wird hier negativ belegt und ist mit »betrügen« zu übersetzen. In der Geburtsgeschichte der Zwillinge Esau und Jakob (1. Mose 25,24 ff.) legte das Wort *akab* noch nicht so klar ein negatives Verständnis nahe. Dort hatte Jakob seinen Namen, weil er sich an der Ferse (*ekeb*) seines Bruders festhielt. In 1. Mose 27,36 wird dann Jakobs Name deutlicher mit Betrug assoziiert:

»Zu Recht heißt er Jakob, denn er hat mich nun zweimal betrogen (*akab*). Meine Erstgeburt hat er genommen, und siehe, nun nimmt er auch meinen Segen.«

Bei Hosea geht es allein schon auf Grund des Kontextes um Betrug.

Etwas schwieriger sind in Hos 12 die Verse 4b–5 zu verstehen: »In seiner Kraft kämpfte er mit Gott. Er kämpfte mit dem Engel und siegte. Er weinte und flehte ihn um Gnade an.« Wenn man von den Geschichten des ersten Mosebuches herkommt, dann wird man bei diesen Worten am ehesten an Jakobs Kampf am Jabbok (1. Mose 32,23 ff.) denken müssen. Hier wie dort bleibt manches undurchsichtig. Klar wird aber, dass im Prophetenbuch der Kampfgegner Jakobs mit Gott bzw. einem Engel identifiziert wird. Das würde die Sicht bestätigen, die wir bei genauem Beobachten der in der Erzählung 1. Mose 32 gegebenen Hinweise gewonnen haben. Warum aber sagt Hosea, dass Jakob nach seinem Sieg geweint und gefleht habe? In der Erzählung des ersten Mosebuches sitzt Jakob am längeren Hebel. Er hat seinen Kampfgegner besiegt und will nun dessen Segen haben. Jakob ahnt vielleicht, weiß es aber noch nicht, dass er gegen Gott gekämpft hat. Hosea spricht das von vornherein deutlich aus. Aber da ergibt sich das theologische Problem, dass man Gott nicht einfach festhalten kann und ihm drohen, dass man ihn nicht weglässt, bevor er nicht seinen Segen gibt. Vielleicht wird Jakob bei Hosea deshalb als Bittsteller dargestellt. Er weint und fleht um den Segen. Nach der Auslegung des Babylonischen Talmuds ist es nicht Jakob, sondern der Engel, der weint, weil Jakob ihn nicht loslässt.[152] Aber ist das vielleicht eher vorstellbar, als dass Jakob weint? Möglicherweise ist die Episode im 1. Buch Mose und bei Hosea absichtlich mehrdeutig. Eindeutig ist beim Propheten die Identifizierung des nächtlichen Angreifers mit einem Engel.

In Hos 12 wird des Weiteren darauf angespielt, dass Gott Jakob in Bet-El begegnet (V. 5b). Wir kennen aus den Erzählungen des ersten Buches Mose zwei solche Begegnungen: eine, als Jakob wegen Esaus möglicher Rache fluchtartig seine Heimat verlässt, und eine, als er sich auf der Rückreise befindet. Ob überhaupt und wenn ja, auf welche dieser Begegnungen Hosea genau anspielt, ist nicht mit Sicherheit auszumachen, aber dass eine Beziehung zwischen den Prophetenworten und den uns bekannten Jakobserzählungen besteht, ist kaum zu leugnen. Noch deutlicher wird es, wenn man auch V. 13 dazu nimmt: »Und Jakob floh ins Gefilde Arams. Und Israel diente um eine Frau, und um eine Frau hütete er.« Da kann man nicht umhin, an Jakobs Aufenthalt bei dem Aramäer Laban zu denken und an den Dienst, den er dort um seine Frauen leistet. Anders freilich erscheint der Dienst Moses, der in Hos 12,14 mit Jakob parallelisiert wird. Er hat Israel aus Ägypten geführt; durch ihn wurde es gehütet. Mose erscheint als positiver Widerpart zu Jakob, dem Repräsentanten des zur Zeit des Propheten in Schuld verstrickten Israel. Selbst wenn die Aussagen über

152 Babylonischer Talmud, Band XI, Traktat Hulin 92a.

Jakob in Hos 12 in relativ neutralem Ton gehalten sind, wird aus dem Kontext deutlich, dass Jakob als Ahnvater Israels gewissermaßen auch der Ahnvater des Betrugs und der Verfehlungen Israels ist.

Zu bedenken ist bei einem Versuch der zeitlichen Einordnung der Jakobsgeschichten auch die archäologische Perspektive, die nach dem heutigen Stand der Forschung vor dem 7. Jh. v. Chr. kaum verbreitete Lese- und Schreibkundigkeit bescheinigt.[153] Freilich können Texte lange Zeit vor ihrer schriftlichen Fixierung mündlich überliefert worden sein, aber das ist kaum mit Anspruch auf Genauigkeit nachzuvollziehen. Abgesehen davon sind die Jakobserzählungen ein sehr umfangreicher Textkomplex, der eine klare Struktur und viele Querverbindungen zwischen den einzelnen Episoden und Konfliktkreisen aufweist, die in ihrer Komplexität kaum auf die mündliche Phase der Überlieferung zurückgehen können. Relativ unbestritten ist die Annahme, dass Jakob der Patriarch des Nordens ist. Die Stammherrschaft über Juda ist ihm wohl nach und nach zugewachsen.[154]

Zusammenfassend ist festzuhalten: Die Jakobserzählungen, die sich unter einem einheitlichen Spannungsbogen, der mehrere Konfliktkreise durchschreitet, lesen lassen, sind das Ergebnis eines Wachstumsprozesses. Eine genaue Rekonstruktion der einzelnen Wachstumsstufen ist auf Grund der spärlichen und nicht immer eindeutig historisch bestimmbaren Hinweise im Text kaum zu bewerkstelligen.

---

153 Vgl. I. Finkelstein / N. A. Silberman, Keine Posaunen vor Jericho, bes. 249 ff.

154 Vgl. K. Schöpflin, Jakob segnet seinen Sohn, die den Sterbesegen Jakobs (1. Mose 48 f.) als Segen zunächst nur über Josef (also das Nordreich) ansieht, während die anderen Stämme, auch Juda, später dazugekommen sind.

Angesichts der Tatsache, dass sich im Text priesterschriftliche Passagen finden, wird man annehmen müssen, dass die Letztgestalt der Erzählungen exilisch-nachexilischer Zeit entstammt. Freilich sind dabei ältere Texte aufgenommen worden. Das zeigt schon der priesterschriftliche Text 1. Mose 28,1–9, der ganz klar eine Alternativdeutung zur Reise Jakobs nach Mesopotamien bietet. Jakob flieht nicht vor seinem Bruder, sondern macht sich auf, um die richtige Frau zu finden.

Zieht man die Jakobüberlieferung bei Hosea heran, so kann man mit großer Vorsicht und unter manchem Vorbehalt das Ende des 8. Jh.s v. Chr. als die Zeit ansehen, in der Jakobsgeschichten im Umlauf waren, sonst würde der Prophet es sich nicht leisten können, seine Gedanken mit nur minimalen Andeutungen zu veranschaulichen. Hosea »weiß« von einer Zwillingsgeburt, bei der das Wort *akab* (»betrügen«) eine Rolle spielt, ein Schlüsselwort für das Verständnis der Jakobserzählungen. Er »weiß« auch um einen Gotteskampf Jakobs und um seinen Aufenthalt in aramäischem Gebiet. Schließlich »weiß« Hosea auch von Bet-El und dort geschehener/n Gottesbegegnung/en. Zur genauen Rekonstruktion des Werdens der Jakobserzählungen kann aber auch das Wissen Hoseas, wenn es tatsächlich auf ihn selbst zurückgeht, nicht genügend beitragen.

Es bleibt dabei, dass die Jakobsgeschichten eine gewachsene Größe sind, deren Vorform möglicherweise im 8. Jh. v. Chr. bestand und die in exilisch-nachexilischer Zeit ihre heutige Gestalt erhalten hat.

5. Warum Jakob zu Israel wurde

Die Relevanz der Jakobserzählungen liegt, abgesehen von ihrer Entstehung und ihrer historischen Verifizierbarkeit, deutlich auf der theologischen Ebene. Die Darstellung der Jakobsgeschichten und der Gestalt Jakobs soll hier mit einigen den gesamten Komplex übergreifenden Gedanken abgerundet werden, die gleichzeitig eine Brücke zum Anfangskapitel des Buches »Jakob – Wie wird ein Betrüger zu Israel?« schlagen.

Zunächst ist interessant zu beobachten, wie die Figurenkonstellation in der Erzählung aussieht. Jakob steht eindeutig im Zentrum. Er ist die einzige Figur, die zu allen anderen in direkten Kontakt tritt. Jakob hält das Familiennetz zusammen. Alle anderen Figuren unterhalten nur sehr einseitige Beziehungen zueinander und machen auf diese Weise die Spaltung in der Familie deutlich. So kann man die spärlichen Worte, die Rebekka in 1. Mose 27,46 an Isaak richtet, nicht wirklich als gelungene Kommunikation bezeichnen. Abgesehen davon treffen sich die beiden Eltern in der Erzählung nie. Auch die beiden Brüder treffen erst ganz zum Schluss und unter großen Unsicherheiten zusammen. Esau begegnet in der gesamten Erzählung seiner Mutter nie. Und Laban ist schon geographisch so weit weg, dass er außer mit Jakob mit niemandem in Beziehung tritt.

Am spannendsten an den Erzählungen aber ist die Tatsache, dass Jakob mit Gott in Verbindung steht. Das legitimiert ihn zum Erzvater, ja sein Kampf mit Gott macht ihn zu Israel. Von allen anderen Figuren der Erzählung werden nur noch Rebekka und Laban mit Gott in Verbindung gebracht, wobei ihre Erfahrungen mit Gott im Grunde genommen nur dazu dienen, Jakobs Sonderposition zu bestätigen. Rebekka holt vor der Zwillingsgeburt ein göttliches Orakel ein (25,23), in dem davon die Rede ist, dass der Ältere dem Jüngeren dienen wird. Das ist das Programm der Gesamterzählung, das Jakobs Werdegang schon vorwegnimmt, obwohl er noch nicht einmal namentlich genannt wird. Auch Laban wird eine Gottesoffenbarung zuteil, die ebenfalls Jakob betrifft. Er wird davor gewarnt, seinem Neffen und Schwiegersohn etwas zu Leide zu tun. An dem Gesegneten darf er sich nicht vergreifen. Alle Auftritte Gottes in den Erzählungen haben also direkt mit Jakob zu tun oder beziehen sich auf ihn. Allein schon dieses erzähltechnische Faktum zeigt, warum Jakob zu Israel wurde. Er hat die Verbindung zu Gott. Er wird von ihm beschützt. Gott verspricht ihm Land und Nachkommen. Jakob wird ein reicher Mann, was in den Erzählungen unter anderem auf die Erscheinung eines Engels zurückgeführt wird, der ihn in Sachen effizienter Viehvermehrung berät (31,11 ff.). Gott segnet Jakob am Jabbok und nennt ihn Israel; Segen und Umbenennung erfährt er später dann auch in Bet-El.

Muttersöhnchen, Betrüger, Flüchtling, Betrogener, Gottesstreiter – keine dieser Hypostasen allein macht Jakob zu Israel, sondern erst die Gesamtheit. Jakob macht eine Entwicklung durch vom behüteten Muttersöhnchen zum von Gott gesegneten Kämpfer. Der Weg geht über die Versöhnung mit dem im wahrsten Sinne des Wortes Gott-losen Bruder (Esau hat keine Verbindung zu Gott), den Jakob aber als Gott-gleich empfindet (»Ich habe dein Angesicht gesehen, wie ich das Angesicht Gottes gesehen habe, und du bist mir mit Wohlgefallen begegnet«, 33,10). Jakob durchlebt tiefste Erniedrigung, aber auch eine großartige »Haupterhebung«, wie Th. Mann seinen Traum von der »Himmelsleiter« in Bet-El nennt. Kurzum: In Jakob widerspiegelt sich das Leben in seiner ganzen Komplexität. Er ist die am realistischsten dargestellte Figur der Vätergeschichten und gerade daher als Identifikationsfigur für Israel geeignet. Oder umgekehrt gesagt: Israel hat sich nicht eine Idealfigur als Ahnherren ausgesucht, sondern hat sich einen »Vater« geschaffen, der alle Prüfungen des Lebens bestanden hat.

Auch das wichtigste Leitwort der Erzählungen kann etwas von der theologischen Absicht verraten. Es geht um den Segen. Die ganze Geschichte entspinnt sich daraus, dass der Vater Isaak seinen Segen zu vergeben hat. Wohlstand und Familienherrschaft hat dieser Segen zum Inhalt. Das sind offensichtlich so kostbare Güter, dass Rebekka zu Gunsten Jakobs in das Geschehen eingreift, um ihrem geliebten Sohn diesen Segen zu verschaffen. Das gelingt auch, aber die Sache ist damit nicht abgehakt, denn letztendlich ist es eigentlich nicht dieser Segen, auf den es ankommt, sondern der Segen Gottes. Jakob muss sich diesen regelrecht erkämpfen, ein weitaus schwierigeres und auch gefährlicheres Unterfangen als die Maskerade vor seinem blinden Vater. Jakob ist erst dann wirklich gesegnet, als Gott ihn am Ende seiner abenteuerlichen Reise segnet. Nach und nach erkennt der Ahnvater, dass in Sachen Segen menschliche Machenschaften nicht unbedingt das erwartete Ergebnis einbringen. Denn was nützt Jakob der Segen seines Vaters, der ihn zum Familienoberhaupt macht, wenn er zunächst einmal fliehen und sich vor seinem Onkel und später auch vor dem Bruder demütigen muss? Jakob lernt im Laufe der Zeit, dass es im Kern immer um Gottes Segen geht und dass dieser Segen nur von Gott selbst ausgeht. Eine erste Lektion, die ihm die Augen in dieser Hinsicht öffnet, ist Labans Erklärung dafür, dass er ihm

Lea vor Rahel zur Frau gegeben hat: »Es ist nicht üblich bei uns, dass man die Jüngere vor der Älteren weggebe« (29,26). Das ist schon ein Hinweis darauf, dass der jüngere Jakob zu Unrecht vor dem älteren Esau gesegnet wurde. Betrug bringt den Beteiligten immer Ärger ein.

Jakob weiß, dass Kindersegen auf Gott zurückzuführen ist. »Bin ich denn an Gottes Statt, der dir Leibesfrucht versagt hat?« (30,2) antwortet er auf Rahels Kinderwunsch. Und doch begreift er das, was er von vornherein weiß, erst nach und nach. Nicht die Leihmütter sind es und nicht die »Liebesäpfel«, die seine geliebte Frau Rahel fruchtbar machen, sondern Gott, der sich ihrer erinnert (30,22).

Was Jakob noch lernt, und der Leser mit ihm, ist, dass Gottes Wege (im Geburtsorakel schon kundgetan) manchmal unerwartete Wendungen nehmen. Jakob muss fliehen, sogar zweimal: einmal, um sich und den väterlichen Segen vor dem zornigen Esau in Sicherheit zu bringen und einmal, um Laban zu entkommen und nach Hause zu gelangen.

Jakob erfährt auch, dass Gott mit ihm geht, und das ist seine wichtigste Erkenntnis. Dem Flüchtling Jakob hat Gott sein Geleit zugesprochen, und dieses Versprechen hält er auch.

Alle diese theologischen Aspekte der Erzählung zielen darauf, Jakob zur perfekten Identifikationsfigur für Israel zu machen. Warum? Nicht weil er perfekt ist, denn das ist er keineswegs. Sondern weil er sich trotz seiner Verfehlungen bewährt, weil er sich durch Schwierigkeiten durchkämpft und schließlich und gewiss nicht zuletzt, weil er lernfähig ist. Er lernt, Gott in sein Leben einzubeziehen. Darum ist Jakob Israel. Darum führt Israel seine Identität ausgerechnet auf diese Gestalt seiner Anfangsgeschichte zurück.

C. WIRKUNG

Die Wirkung einer Gestalt nachzuzeichnen, die den Namen Israel trägt und lange nach ihrem Tod in den Söhnen Josef (bzw. Efraim) und Juda als Nordreich Israel und Südreich Juda, ja sogar bis heute im jüdischen Volk als dessen Ahnvater weiterlebt, ist ein nahezu unmögliches Unterfangen. Es wird daher in diesem Kapitel nicht mehr möglich sein, als mit einigen wenigen Blitzlichtern die Gestalt des Erzvaters in unterschiedlichen Kontexten zu streifen. Wir werden uns dabei auf wenige Beispiele der schriftlich fixierten Wirkungsgeschichte beschränken. Von den non-verbalen künstlerischen Darstellungen der Jakobsgeschichte von Rembrandt bis Chagall kann der Leser einiges beim Durchblättern dieses Buches finden. Dieser Zweig der Wirkungsgeschichte bedarf keiner Worte, sondern lediglich eines wachsamen Auges.

1. Jakob in der Bibel ausserhalb des ersten Mosebuches

Die Wirkungsgeschichte der Jakobsgestalt beginnt schon innerbiblisch. Der Name Jakob findet sich in der hebräischen Bibel außerhalb des ersten Buches Mose über 150 Mal. Es gibt darunter einige wenige Stellen, die Episoden aus dem Leben des Patriarchen in Erinnerung rufen. Dazu gehört der schon behandelte Text Hosea 12, der an den Gotteskampf, den Betrug, die Flucht nach Mesopotamien und die Gottesbegegnung(en) in Bet-El erinnert. Jos 24 kennt Jakob und Esau als Brüder und weiß von der Auswanderung der Jakobssippe nach Ägypten (V. 4) sowie von dem Land, das der Erzvater um 100 Goldstücke von Hamor, dem Vater Sichems, bei Sichem gekauft hat (V. 32). Obd 10 und Mal 1,2 erwähnen ebenfalls das Bruderverhältnis zwischen Jakob und Esau.

In einer ganzen Reihe von Belegen erscheint Jakob neben Abraham und Isaak. An wichtigen Stellen der Geschichte, die Israel mit seinem Gott erlebt, wird auf die Dreizahl der Väter verwiesen. So im Zusammenhang der Berufung des Mose, als Gott seines Bundes mit Abraham, Isaak und Jakob gedenkt und beschließt, sich seines unterdrückten Volkes anzunehmen (2. Mose 2,24 u. a.). Er, der Gott Abrahams, Isaaks und Jakobs (2. Mose 3,15), offenbart seinen Jahwe-Namen den Israeliten mit der Erklärung: »Ich werde der sein, als der ich mich erweisen werde« (2. Mose 3,14). Und was für eine Macht, aber auch Schutz für die Kinder Israel von diesem Vätergott ausgeht, zeigt die Geschichte vom Auszug aus Ägypten. Der Gott, der die Väter auf ihren Wanderungen begleitet hat, begleitet auch ihre Nachkommen auf deren Wegen bis in das Land, das er, der Gott der Väter, zuerst Abraham, Isaak und Jakob versprochen hatte (vgl. z. B. 5. Mose 1,8; 6,10; 30,20; 34,4 u. a.). Mit ihnen hatte er zuerst einen Bund geschlossen (vgl. 3. Mose 26,42; 2. Kön 13,23). Jakob gehört also zu den Ursprungsgestalten Israels, auf die die grundlegende Beziehung zu Gott zurückgeführt wird.

Meist steht der Name Jakob aber für die Nation, für das Volk. Er ist hauptsächlich bei den Propheten weder die Einzelperson Jakob (teilweise anders in Hos 12) noch der neben Abraham und Isaak stehende Ahnvater. Bei den frühen, vor dem Fall Samarias (721 v. Chr.) wirkenden Propheten wird das Nordreich Israel mit Jakob bezeichnet. Später dann steht Jakob auch für Juda, wenngleich ihm die nordisraelitische

Komponente nicht gänzlich verloren geht. Im Buch Deuterojesaja (Jes 40–55) werden die nach dem Fall Jerusalems (587 v. Chr.) nach Babylon deportierten Judäer mit dem Namen Jakob bezeichnet.

Jakob ist trotz seiner Schwächen und der Kritik, die sich in den Prophetenbüchern findet, Identifikationsfigur für Israel (und Juda), das von der Perfektion, wie die Propheten nicht müde werden hervorzuheben, weit entfernt ist. Jakob ist Israel. Israel findet sich im Namen und in der Gestalt Jakobs wieder. Das ist ein Gedanke, der sich durch das gesamte Alte Testament durchzieht.

2. Jakob in Midrasch und Talmud

Der biblische Faden wird in der rabbinisch-jüdischen Literatur weiter ausgesponnen. Dass Jakob Israel ist, steht außer Zweifel. Aber mit was für einem Menschen identifiziert sich Israel eigentlich? Mit dem Betrüger? Mit dem Flüchtling? Mit dem Gottesstreiter?

Anhand des Midrasch Bereschit Rabba[155] lassen sich zwei Tendenzen der Auslegung in Bezug auf Jakob aufzeigen. Auf der einen Seite geht es darum, die Gestalt Jakobs positiv darzustellen. Auf der anderen Seite zeigt der Midrasch Bereschit Rabba sehr deutlich, dass Jakob nicht nur für das biblische Israel Identifikationsfigur war, sondern auch für das zeitgenös-

---

155 Erzählende Auslegung aus dem 5. Jh. n. Chr., die am Text des Buches Bereschit = 1. Mose entlanggeht. Die im Folgenden herangezogenen Stellen stammen, wenn nicht anders gekennzeichnet, aus: A. Wünsche, Bereschit Rabba. Der Einfachheit halber werden daher immer im Haupttext die Seitenzahlen bei Wünsche angegeben.

sische Israel (bzw. Judentum) im 3.–4. Jh. n. Chr., als Jakob-Israel sich mit Esau-Rom auseinanderzusetzen hatte. Die Deutung der Erzählungen auf die eigene Zeitgeschichte hin ist im Judentum auch später erhalten geblieben. So interpretiert z. B. Raschi (Rabbi Schelomo Jizchak, 11. Jh.) die Auseinandersetzung zwischen Jakob und Esau auf dem Hintergrund der in seiner Zeit aufkommenden Kreuzzüge als Kampf zwischen Synagoge und Kirche. Dabei deutet er die Worte »wie ein haariger Mantel«, die Esau bei der Geburt beschreiben, auf die im Mittelalter übliche Mönchskutte.[156]

Kehren wir nun aber zur Darstellung Jakobs zurück. Er wird teilweise passiver gezeichnet als in den biblischen Erzählungen. Beim Segensbetrug (1. Mose 27) macht er nur mit Widerwillen mit. Als seine Mutter Rebekka ihn beauftragt, zwei Ziegenböcklein von der Herde zu holen, damit sie für Isaak ein Essen nach dessen Geschmack zubereiten könne, kommentiert der Midrasch die Ausführung dieses Befehls: »er ging gezwungen, und er nahm gebeugt, und er brachte weinend« (Wünsche, 314). Man kann Jakob auf Grund solcher Interpretation also keine böse Absicht unterstellen. Er ist schließlich der gesittete, anständige und auch von religiösem Standpunkt sich auf dem richtigen Weg befindende Mann. Und das schon vor der Geburt. Denn der biblische Kommentar »und die Kinder stießen sich in ihrem (Rebekkas) Leib« (1. Mose 25,22) bedeutet nichts anderes, als dass Esau hinaus wollte, wenn die Mutter an Götzentempeln vorbeiging, Jakob aber sich vordrängte, wenn Rebekka Lehr-

---

156 Vgl. die Ausführungen darüber bei D. Krochmalnik, Schriftauslegung. Das Buch Genesis im Judentum. Neuer Stuttgarter Kommentar. Altes Testament 33/1, Stuttgart 2001, 118.

häuser passierte (Wünsche, 297). In einer anderen Deutung der Geburtsgeschichte lässt Jakob seinem Bruder den Vortritt, da dieser entschlossen ist, durch die Bauchwand der Mutter zu gehen und so seine Erstgeburt zu behaupten, selbst wenn Rebekka dabei umkommt. Jakob verhindert noch im Mutterleib solches Blutvergießen. Aus Höflichkeit tritt er zurück.[157] Auch die Episode vom Kauf der Erstgeburt um ein Linsengericht (1. Mose 25,29 ff.), in der Jakob als zwielichtige Gestalt gezeichnet wird, wird ins Positive gedeutet. Die Erstgeburt stand Jakob zu, ist aber aus rein technischen Gründen nicht zu Stande gekommen. Das wird mit einem Gleichnis erklärt. Wenn man zwei Perlen in ein Röhrchen gibt, dann wird die Perle zuerst herauskommen, die man zuletzt hineingegeben hat. So ist es auch zu erklären, dass der zuerst gezeugte Jakob nach seinem Bruder geboren wurde (Wünsche, 299).

Auch die glatte Lüge, die Jakob seinem Vater auftischt, als er in Esaus Kleidern vor ihn tritt, um den Segen zu empfangen, wird uminterpretiert. Im hebräischen Text stehen in 1. Mose 27,19 die drei Wörter: ich – Esau – dein Erstgeborener als Nominalsatz, also ohne Prädikat, hintereinander. Üblicherweise werden sie als »ich bin Esau, dein Erstgeborener« wiedergegeben. Mit einiger Spitzfindigkeit machen die Midraschautoren aber zwei Sätze daraus: »Ich bin's. Esau ist dein Erstgeborener« und entheben Jakob dadurch der Lüge (Wünsche, 315).

Isaaks Reisesegen an Jakob (1. Mose 28,1) wird mit Hilfe eines Gleichnisses als Legitimierung des zuvor erschlichenen Erstgeborenensegens dargestellt. Ein

157 Vgl. M. J. bin Gorion, Die Sagen der Juden, Köln 1997, 447.

Königssohn, der sich heimlich aus der Schatzkammer seines Vaters bedient hatte, wird vom König zur Rede gestellt. Das Vergehen, dessen er ihn beschuldigt, ist, dass er sich das Gold nicht öffentlich genommen hat, da es ihm ja als Königssohn zustehe (Wünsche, 326).

Jakobs Aufenthalt in Bet-El ist in der jüdischen Auslegung weit mehr als nur die Raststation auf seiner weiten Reise. Sogar die Steine am Ort erkennen, dass hier etwas Besonderes geschehen ist und dass ein bedeutender Mann sich gerade anschickt, einen Stein als Erinnerungsmal an die besondere Traumvision aufzustellen. Freilich will jeder Stein derjenige sein, den Jakob als Mazzebe aufstellt. Es wird erzählt, dass sich die Steine des Ortes zu einem einzigen großen Stein verschmolzen haben, den Jakob aufstellte.[158] Zu seiner Salbung floss das Öl direkt aus dem Himmel herab, und Gott selbst versenkte den Malstein mit seinem Fuß als Pfeiler zu den Abgründen der Erde.

»Daher ward der Stein Grundstein der Erde genannt, das ist der Nabel der Welt; von dort dehnte sich die ganze Erde aus und darauf steht der Tempel Gottes, wie Jakob auch gesprochen hat: Dieser Stein, den ich zu einem Mal aufgerichtet habe, soll ein Gotteshaus werden.«[159]

Jakob erscheint als großartiger Kultstifter, dessen Bild sogar in Gottes Thron eingraviert ist und dem eine große Ehre zuteil wird, denn:

»Nie steht ein König vor seinem Acker, wenn er gepflügt oder wenn er besät wird; er steht erst davor, wenn das Getreide reif ist. So auch der Herr. Abraham hat das Feld ge-

---

158 Babylonischer Talmud, Bd. XI, Traktat Hulin 91b.
159 M. J. bin Gorion, Sagen, 489.

baut, Isaak hat es gesät, da kam Jakob, und er war die Ernte, wie es auch heißt: Heilig ist Israel dem Herrn und seine erste Frucht.«[160]

Ganz im Gegensatz zu dem vollkommenen Jakob steht im Midrasch sein Bruder und Hauptgegenspieler Esau, der Götzendiener und Rohling, der auf Blut und Beute aus ist.

Was Esau tut, ist verwerflich; es ist keineswegs nachahmenswert. Jakob hingegen gilt als der Initiator verschiedener Verhaltensregeln. Man kann von ihm lernen, dass, wenn man eine Reise antritt, noch einmal umkehren soll, um sich zu vergewissern, dass man nichts vergessen hat. Das tun, so wird erzählt, zwei Seidenhändler, die tatsächlich noch einen Stoffballen bei ihrer Kontrolle finden und ihr Verhalten auf den »alten Jacob« zurückführen (Wünsche, 377). Von Jakob kann man aber auch lernen, dass man die Gastfreundschaft seiner Verwandten nicht überbeanspruchen darf. Nachdem Jakob einen Monat als Gast bei Laban geblieben ist (1. Mose 29,14), tritt er in ein Dienstverhältnis zu ihm.

Mit wem identifiziert sich Israel also? Mit einem gesitteten, gottesfürchtigen Mann, der bei zwielichtigen Aktionen nur widerwillig und gezwungen mitmacht. Doch das ist nur die eine Seite der Medaille, denn dem Jakob des Midrasch haften trotz der überwiegend positiven Darstellung noch Fehler an, die nicht einfach unter den Teppich gekehrt werden. Jakob hat Fehler begangen, aber er hat dafür schon in der biblischen Erzählung seine Strafe erhalten. So wird z. B. der Hochzeitsbetrug (Jakob erhält zuerst die ältere Lea an Stelle der jüngeren Rahel, 1. Mose 29,23 ff.) als Strafe für den

160 M. J. bin Gorion, Sagen, 490.

Segensbetrug (1. Mose 27), den Jakob, der Jüngere, an seinem älteren Bruder und an seinem Vater begangen hat, dargestellt. In der biblischen Erzählung selbst ist dieser Tun-Ergehen-Zusammenhang schon angelegt durch die feinen Entsprechungen zwischen den beiden Episoden in den Motiven und in der Thematik. Der Midrasch begnügt sich nicht nur mit Andeutungen, sondern spricht eine deutliche Sprache. Auf Jakobs zornige Reaktion Lea gegenüber, weil sie ihm, als er sie in der Hochzeitsnacht mit Rahel angesprochen, geantwortet habe, erwidert sie: »Gibt es etwa einen Lehrer, der nicht ebenbürtige Schüler habe? Hast du denn nicht auch geantwortet, als dein Vater [...] dich Esau nannte?« (Wünsche, 346).

Zu Jakobs Fehlern zählt bei den Rabbinen auch seine unbedachte Äußerung Laban gegenüber, als dieser ihm nachjagt und ihn wegen der Terafim zur Rede stellt. »Bei wem du deine Götter findest, der soll nicht leben!« (1. Mose 31,32), sagt Jakob zu Laban. Auch für dieses Wort muss er büßen, »denn Rachel stahl und Rachel starb« (Wünsche, 371).

Dass Jakob nicht nur passiv unschuldig ist oder unbedacht und im Affekt reagiert, zeigt sein midraschisches Verhältnis zu Laban. Dem Betrüger zahlt Jakob es mit gleicher Münze heim, ja er kann sogar behaupten, er habe den »Meister aller Betrüger« in seinen Unterärmel gebracht (Wünsche, 368). Ein richtiger Schelm ist er in dieser Situation.

Obige sehr knappe Darstellung zeigt, dass auch die rabbinische Auslegung das bestätigt, was aus den biblischen Texten schon entnommen werden konnte, dass Israel sich nicht mit einer perfekten, sondern einer komplexen Figur identifiziert, mit einem Mann, der mit seinem Leben zurecht kommt, wenn auch manchmal nicht auf dem geradesten Weg. Das gilt sogar dort, wo Jakob im Vergleich zur biblischen Tradition aufgewertet, seine Gegenspieler aber abgewertet werden.

3. Jakob bei den Kirchenvätern

Für die Kirchenväter ist Jakob meistens »ein Gleichnis und Bild des Herrn und Erlösers«,[161] der Prototyp Christi. Sie finden in den Jakobserzählungen viele Elemente, die sie auf Christus deuten. So z. B. musste nach Irenäus (»Gegen die Häresien« 4,21,3) Jakob

»aus den beiden Schwestern Kinder zeugen wie Christus aus den beiden Gesetzen ein und desselben Vaters, aber genauso aus den Mägden, um damit anzuzeigen, dass Christus Freie und Knechte dem Fleische nach zu Kindern Gottes macht, indem er allen gleichermaßen das Geschenk des Geistes gibt, der uns lebendig macht« (Heither, 139).

Cäsarius von Arles sieht in Jakobs Reise nach Mesopotamien, um eine Ehe einzugehen, das Kommen Christi in die Welt mit dem Zweck, sich mit der Kirche zu verbinden. Dass Jakob und auch die anderen biblischen Patriarchen ihre Frauen am Brunnen finden, ist das Vorausbild dafür, dass Christus »die Kirche am Wasser der Taufe finden« wird (Heither, 139).

---

161 Cäsarius von Arles, Sermo 88, zit. nach: Th. Heither / Chr. Reemts, Schriftauslegung. Die Patriarchenerzählungen bei den Kirchenvätern, Neuer Stuttgarter Kommentar. Altes Testament 33/2, Stuttgart 1999, 145. Alle weiteren Zitate aus den Schriften der Kirchenväter entstammen dem hier genannten Buch. Um der besseren Lesbarkeit willen werden deshalb bei den weiteren Zitaten im Haupttext nur die auf dieses Buch bezogenen Seitenzahlen in Klammern gesetzt.

Wie Jakob reich wurde,

»so zeugte auch der wahre Jakob, unser Herr Jesus Christus, als er in die Welt kam und sich diese zwei Völker, nämlich das der Heiden und das der Juden verband, aus ihnen Kinder auf geistige Weise, und er wuchs und wurde ungeheuer reich. Höre, wie er selbst sagt: ›Mir ist gegeben alle Gewalt im Himmel und auf der Erde‹ (Mt 28,18)« (Cäsarius von Arles, Sermo 88; Heither, 148).

Jakobs Ehe mit seinen beiden Frauen steht nach Justin für Christus, der für Juden und Heiden in gleicher Weise gekommen ist. Er schreibt in seinem »Dialog mit dem Juden Tryphon«: »Lea ist euer Volk und die Synagoge, Rachel dagegen ist unsere Kirche. Für die eine und für die andere steht Christus noch heute im Dienst« (Heither, 147).

Jakobs Dienst um Labans gesprenkelte Herden versinnbildlicht für Justin den Dienst Christi »bis zum Kreuzestode für die ganze bunte, vielgestaltige Menschenwelt, die er sich durch sein Blut und das Geheimnis des Kreuzes als Eigentum erworben hat« (Heither, 147).

Immer wieder spüren die Kirchenväter aus den biblischen Erzählungen den Gegensatz zwischen Gut und Böse heraus. Origenes deutet die schwere Schwangerschaft Rebekkas und das deswegen eingeholte Orakel auf den inneren Konflikt eines jeden Glaubenden. In jedem von uns gibt es nach Origenes zwei Völker. »Denn in uns ist sowohl das Volk der Tugenden als auch genauso das Volk der Laster.« Das Volk der Laster ist nach Origenes das ältere, das vom Volk der Tugenden überwunden werden kann.

»[…] Wenn wir so sind wie Rebekka und von Isaak, d.h. dem Wort Gottes, Nachkommenschaft haben dürfen, […]

dann wird das Fleisch dem Geist dienen und die Laster werden den Tugenden weichen« (Homilien zu Genesis 12; Heither, 136f.).

Den Zwiespalt zwischen Gut und Böse findet Augustin (Sermo 8) in Jakob selbst vorabgebildet. Er geht dabei von Jakobs Kampf am Jabbok aus, dessen Ergebnis er so zusammenfasst: »Auf der einen Seite wird er (Jakob) mit Schwäche geschlagen und hinkt deshalb, auf der anderen Seite wird er gesegnet, um kraftvoll zu leben« (Heither, 151). Darin ist Jakob Sinnbild der

Abb. 15: Marc Chagall: Jakobs Kampf mit dem Engel

Kirche, die in diesem Leben beides, den guten (gesegneten) wie den schlechten (hinkenden) Teil in sich hat.

Der Schlag, den Jakob auf die Hüfte bekommt, steht für die Züchtigung der Kirche durch Gott, die das Ziel verfolgt, eine Trennung von Gut und Böse zu bewirken. Der gesegnete Teil wird das ewige Leben erhalten, der hinkende wird dem ewigen Feuer preisgegeben.

Augustin bezeichnet das christliche Volk, das gleichzeitig Jakob und Israel ist, als »Jakob der Wirklichkeit nach, Israel der Hoffnung nach« (Sermo 122, Heither, 155).

Anhand der Auslegung der Kirchenväter kann man gut sehen, wie sehr der – in diesem Fall religiöse – Kontext die Interpretation beeinflusst. Jakob ist nicht mehr, wie in der Bibel und im Judentum bis auf den heutigen Tag, Identifikationsfigur für Israel, sondern er ist Vor-Bild Christi und der Kirche, die aus Juden (Lea) und Heiden (Rahel), aus Guten (Jakob als der Gesegnete) und Schlechten (Jakob als der Hinkende) besteht.

4. Jakob im Koran

Der Koran ist sehr sparsam mit Aussagen über Jakob. Die aus der Hebräischen Bibel bekannten Geschichten über ihn gibt es im Koran alle nicht; weder die Auseinandersetzung mit Esau und Laban, noch seine Flucht, noch seinen besonderer Traum von der »Himmelsleiter«. Jakob erscheint im Koran sozusagen unabhängig von seinen Geschichten. Lediglich in der 12. Sure, in der die Josefsgeschichte wiedergegeben wird, kommt er in einem Erzählzusammenhang vor. Er wird wie in der Bibel als überbesorgter Vater gezeichnet, der aber, anders als in der Bibel, Verschiedenes weiß. Als Josef ihm und zunächst nur ihm seinen Traum von Sonne, Mond und Sternen erzählt, die sich vor ihm verbeugen, warnt Jakob seinen Sohn davor, diesen Traum den Brüdern zu erzählen. Er weiß nämlich, dass sie etwas gegen ihn ersinnen werden (Sure 12,5).

Jakob weiß auch, dass sein Sohn nicht tot ist. Als die Brüder vor den Vater treten und ihm weismachen wollen, dass Josef vom Wolf gefressen wurde, während sie einen Wettlauf veranstalteten, antwortet Jakob:

»Nein, eure Seele hat euch etwas eingeredet. (Es gilt) schöne Geduld (zu üben). Gott ist der, der um Hilfe gebeten wird gegen das, was ihr beschreibt« (12,8).

Einen ähnlichen Kommentar gibt Jakob ab, als von der zweiten Ägyptenreise nur zehn seiner Söhne zurückkehren, weil einer, Josefs Bruder (nach der biblischen Überlieferung wäre das Benjamin) auf Grund des inszenierten Pokaldiebstahls als Sklave zurückbleiben musste. »Eure Seele hat euch etwas eingeredet. (Es gilt) schöne Geduld (zu üben). Möge Gott sie mir alle zurückbringen! Er ist der, der alles weiß und weise ist« (12,83).

Auf die Frage, warum er denn nicht endlich aufhört, um Josef zu trauern, antwortet Jakob:

»Ich klage ja meinen Kummer und meine Trauer Gott allein, und ich weiß von Gott, was ihr nicht wisst. O meine Söhne, geht und erkundigt euch über Josef und seinen Bruder. Und verliert nicht die Hoffnung, dass Gott Aufatmen verschafft. Die Hoffnung, dass Gott Aufatmen verschafft, verlieren nur die ungläubigen Leute« (12,86 f.).

Jakob also erscheint als vorbildlich in seinem Gottvertrauen. Ebenfalls positiv fallen auch die weiteren Aussagen des Korans über diese Figur aus. Jakob gehört neben Noah, Abraham, Ismael, Isaak, Jesus, Hiob, Jona, Aaron, Salomo und David zu den Gestalten, denen eine Offenbarung geschenkt wurde (4,163). Alle genannten Figuren und dazu noch Mose, Johannes der Täufer, Elisa und Lot gehören zu den Rechtschaffenen und Erwählten. Jakob befindet sich also in guter Gesellschaft und wird im Koran durchwegs positiv beurteilt.

5. »Die Geschichten Jaakobs«

Die biblischen Erzählungen über den Erzvater Jakob sind bereits Literatur, dennoch haben sie Schriftsteller unserer Zeit zum Nacherzählen und Weiterdenken inspiriert. Eine der großartigsten literarischen Verarbeitungen hat Jakob bei Thomas Mann gefunden. »Die Geschichten Jaakobs«, der erste Roman der Josef-Tetralogie, erschienen 1933, ist ein einzigartiges Meisterwerk. In ihm fließen biblische Erzählung, altorientalische Religionsgeschichte und Mythologie, aber auch Zeitgeschichte und sogar autobiographische Züge zusammen.

Der Mythos ist der Schlüssel zum Verständnis des Romans. Die Geschichten von Jakob und Esau, von Laban und seinen Töchtern sind keine singulären Ereignisse, sondern Teil des sich ständig wiederholenden mythischen Schemas. Alle Figuren handeln dem Mythos entsprechend. Sie sind dem Mythos untergeordnet. So geht Isaaks Blindheit nicht etwa auf sein vorgerücktes Alter zurück, sondern gehört zum Mythos. Isaak muss einfach blind sein, damit geschehen kann, was zu geschehen hat. Auch Esau kann nicht anders als die ihm vom Mythos vorgeschriebene Rolle des Tölpels, des auf Rache Sinnenden, des Naiven zu spielen. Er fühlt sich aber nicht sehr wohl in seiner Kainsrolle und versucht den Mythos zu durchbrechen, indem er nicht selbst den Bruder, der ihn betrogen hat, angreift, sondern seinen Sohn Elifas das tun lässt.

Es gibt kein Entrinnen aus dem Mythos, obwohl immer wieder Andeutungen gemacht werden, die den Figuren die Augen öffnen könnten. So verhält es sich z. B. mit Jakobs Traum vor der Hochzeit von dem hundsköpfigen Anubis. Anubis erzählt ihm von seiner Zeugung und Geburt, die auf einem Versehen beruhen. Der Sohn der Unrechten sei er, die Nacht sei Schuld, erzählt er Jakob.

»Die Nacht weiß in ihrem Gleichmut die Wahrheit, und nichts sind vor ihr die aufgeweckten Vorurteile des Tages. Denn es ist ein Frauenleib wie der andere, gut zum Lieben, zum Zeugen gut. Nur das Angesicht unterscheidet den einen vom andern und macht, daß wir wähnen, in diesem zeugen zu wollen, aber in jenem nicht. Denn das Angesicht ist des Tages, der voller aufgeweckter Einbildungen ist, aber vor der Nacht, die die Wahrheit weiß, ist es nichts.«[162]

Jakob versteht diesen Traum nicht als Vorausdeutung auf seine eigene Hochzeit, in der er im Dunkel der Nacht die Unrechte untergeschoben bekommt. Auch er bleibt dem Mythos verhaftet, nach dem geschehen muss, was zu geschehen hat.

Im Prinzip erfüllt der Mythos bei Th. Mann die gleiche Funktion wie das Geburtsorakel in der biblischen

---

162 Th. Mann, Die Geschichten Jaakobs, 285.

Erzählung (1. Mose 25,23). Das Ergebnis der Geschichte wird durch das Orakel vorweggenommen, und die gesamte Erzählung strebt der Erfüllung des Gottesspruchs entgegen. Das mythische Schema des Romans stellt die Jakobsgeschichten in einen großen und allgemeinen Zusammenhang, der auf ständiger Wiederholung beruht. Es werden dadurch Grundgegebenheiten menschlichen Lebens und Zusammenlebens auf eine Stufe der Abstraktion gebracht, die es jedem ermöglicht, sich selbst an irgendeiner Stelle in diesen Mythos einzubeziehen. Das Brüderpaar Esau und Jakob ist im mythischen Schema nichts anderes als das Abbild von Kain und Abel oder von Seth und Osiris aus der ägyptischen Mythologie. Die mythische Sphäre rollt, Brüderkonflikte immer neu perpetuierend, bis in die Zeit des Schriftstellers hinein, denn Konflikt und Versöhnung zwischen Jakob und Esau vermögen auch auf die Bruderbeziehung zwischen Heinrich und Thomas Mann ein erhellendes Licht zu werfen. Thomas, der jüngere Bruder, hatte seinem älteren Bruder Heinrich mit dem Nobelpreis für Literatur, den er für die »Buddenbrooks« erhielt, den schriftstellerischen Segen (vor-)weggenommen. Den Bruch, der auch auf Grund ihrer unterschiedlichen politischen Anschauungen zu Stande kam, aber auch die Versöhnung zwischen ihnen, hat Th. Mann in das Jakob-Esau-Verhältnis hineingewoben.

Jakob, der aus dem Kampf mit dem »Weitäugigen« mit dem »Ehrenhinken« und dem Ehrennamen Israel hervorgegangen ist, ist bei Th. Mann durch den Mythos hindurch nicht mehr nur für Israel, sondern auch für andere wichtig geworden.

6. Jakob und die Seinen – Menschen wie du und ich

Die kurz besprochene Auslegung der Jakobsgeschichten in der rabbinischen Überlieferung, bei den Kirchenvätern, im Koran sowie ihre literarische Verarbeitung bei Thomas Mann sind selbst schon Geschichte geworden mit ihrer je eigenen Wirkungsgeschichte. Doch das Interesse an Jakobs Familie und ihren Geschichten ist damit nicht verschwunden. Das zeigen die Versuche, die Jakobserzählungen aus anderen Perspektiven als der historisch-exegetischen oder der schöngeistig-literarischen zu deuten. Einige dieser neueren Zugangsweisen zum biblischen Text sollen im Folgenden Erwähnung finden.[163]

Feministische Exegese z. B. widmet sich vor allem den Frauengestalten des Jakobszyklus und versucht, ihre wichtige Rolle in der patriarchalen Struktur der Elterngeschichten zu beschreiben. Rebekka ist die starke Frau.[164] Die Tatsache, dass ihr das göttliche Geburtsorakel zuteil wird, wird als Absicht der Tradenten des Textes interpretiert, die Geschichte des Volkes Israel nicht nur auf den Vater Isaak, sondern auch auf die Mutter Rebekka zurückzuführen (Recker, 329). Rebekka operiert mit Betrug, aber ihre Stärke zeigt sich darin, dass sie das Risiko auf sich nimmt (Recker, 330). Mit eisernem Willen setzt sie die Erfüllung des an sie ergangenen Orakels durch.

---

163 Die folgenden Ausführungen beziehen sich, wo nicht anders vermerkt, auf Chr. Recker, Erzählungen. Um der besseren Lesbarkeit willen werden die Seitenangaben in Klammern in den Haupttext gesetzt.

164 Vgl. auch den Beitrag über Rebekka in: D. Sölle, Gottes starke Töchter. Große Frauen der Bibel, Ostfildern-Ruit 2003.

Etwas anders stehen Lea und Rahel da, die eigentlichen Mütter der Stämme Israels. Sie sind beide benachteiligt, Lea weil sie weniger von Jakob geliebt wird, Rahel aber auf Grund ihrer Kinderlosigkeit. Auch ihr Vater Laban geht nach eigenem Gutdünken mit ihnen um. Der Hochzeitsbetrug mit der Unterschiebung der falschen Braut ist ja nicht nur ein Betrug Labans an Jakob, sondern auch ein Betrug an den beiden Schwestern, über die einfach verfügt wird, ohne dass sie nach ihrer Meinung gefragt werden (Recker, 336f. mit etwas anderer Akzentsetzung). Untereinander aber tragen sie Konflikte aus. Sie buhlen um die Gunst des Ehemannes und veranstalten einen regelrechten Wettstreit der Geburten, über die sie sich Anerkennung zu erwerben trachten. Der Ursprung dieses Konkurrenzkampfes »ist nicht Kummer um die – im romantisch-modernen Sinn – als unteilbar angesehene Liebe des Mannes, sondern Neid der Rahel auf den Kinderreichtum der Schwester (Gen 30,1) und Bitterkeit der Lea ihr gegenüber (Gen 30,15).«[165]

Als bedrückte Frauen werden Rahel und Lea in der feministischen Exegese bezeichnet. Aber als Stärke wird ihnen angerechnet, dass sie sich mit Jakob ins Ungewisse aufmachen. Sie entscheiden sich für Jakob und gegen ihren Vater und sind sich bei aller Rivalität unter ihnen in diesem Entschluss einig (Recker, 340). Sie ziehen fort, in die Fremde, so wie einst Abraham es getan hatte und wie auch Rebekka mit dem Knecht Abrahams losgezogen war, um die Ehefrau eines Mannes zu werden, den sie höchstens aus Erzählungen kannte. Es ist eine mutige Entscheidung, die diese Frauen treffen, eine Tatsache, die oft übersehen wird, wenn man die Geschichten nicht auch einmal aus der

---

165 D. Sölle, Gottes starke Töchter, 36.

Perspektive der Frauen betrachtet. Wenn das geschieht, dann werden die Geschichten über Frauen zu Geschichten von Frauen, die sich selbst darin wieder finden.

Die Erzählungen um Jakob und die Seinen werden auch unabhängig von jeder geschlechterspezifischen Auslegung auf der tiefenpsychologischen Ebene als Geschichten der Selbstwerdung gedeutet (Recker, 248ff.). Eine Möglichkeit der Auslegung des Kampfes am Jabbok ist, ihn als eine Art Initiationsritus anzusehen (Recker, 256ff.). In einer anderen Deutung wird Esau als Jakobs Schattenseite betrachtet, und der nächtliche Kampf am Jabbok ist nichts anderes als ein Versuch, diese Schattenseite zu integrieren (Recker, 278ff.). Jakobs Kampf mit dem Unbekannten am Jabbok ist daher im Grunde genommen ein Kampf, den er mit sich selbst führt. Als »Jakob seine dunkle Seite akzeptieren kann, gibt das Gegenüber sich als Gott zu erkennen. Das Kämpfen um die eigene Ganzheit und das Annehmen des Schattens führt in die Gotteserfahrung, in die tiefste, nämlich religiöse Dimension menschheitlicher Erfahrung« (Recker, 282). Auch Jakobs Rivalität mit Laban wird in diese Richtung interpretiert. Laban ist Jakobs Spiegelbild. In dem Betrüger Laban kann sich Jakob selbst betrachten und so an seiner Reifung arbeiten (Recker, 280f.).

Die psychologische Auslegung transferiert die Konfliktgeschichten des Jakoberzählkreises von außen nach innen. Die Konflikte spielen sich im Inneren Jakobs ab. Selbst der Konflikt zwischen Rahel und Lea wird als innerer Zwiespalt Jakobs angesehen. Er schwankt zwischen der Frau als Mutter (Lea) und der Frau als Geliebte (Rahel). Auch hier geht es dann um die Integrierung dieser zwiespältigen Gefühlswelt (Recker, 376f.).

Chr. Recker entwickelt eine Interpretation der Jakobserzählungen aus männlicher Perspektive. Von dieser Warte aus betrachtet gelten die Jakobsgeschichten als Modell männlicher Sozialisation (Recker, 364ff.). Diese impliziert auf der einen Seite die Lösung von den Eltern, auf der anderen Seite aber die Lebensbewältigung im Erwachsenenalter. Beides ist in den Jakobserzählungen gut nachzuvollziehen.

Die biblischen Geschichten werden durch diese Art der Auslegung ihrer historischen und weitgehend sogar ihrer literarischen Einbettung entbunden und werden zu Geschichten, die den inneren Zwiespalt jedes Einzelnen erhellen und vielleicht auch zu seiner Aufhebung führen können. Jakob und seine Geschichten erhalten somit therapeutischen Effekt.

Sehr ähnlich ist die Art des Umgangs mit dem Text im Falle des Bibliodramas (Recker, 284ff.). Aus dieser Perspektive wird nicht in erster Linie danach gefragt, was der Text in seinem historischen Kontext aussagt, sondern man bringt sich selbst mit seinen Problemen und Gefühlen, mit seiner ganzen Biographie in den Text ein. »Es kommt zu einem lebendigen Dialog zwischen biblischer Überlieferung und den Erfahrungen heutiger Menschen« (Recker, 287). So kommt es dazu, dass die biblischen Gestalten zur eigenen Familie werden und ihre Geschichten die eigenen Familienverhältnisse widerspiegeln. Esau steht dann etwa für das älteste Kind, das früh Verantwortung übernimmt, aber weniger geliebt wird als das jüngere. Mit Jakob identifizieren sich jüngste Geschwister oder Einzelkinder, die oft mehr mütterliche Zuneigung erfahren. Der blinde Isaak ist der, dem die Zügel aus der Hand gleiten, und Rebekka steht für die starken Frauen, die versuchen, sich in einer von Männern dominierten Welt zu behaupten (Recker, 299). Indem man in die eine oder die andere Rolle einer Gestalt hineinschlüpft, mit der man sich identifiziert und die biblische Geschichte vor seinem eigenen biographischen Hintergrund spielt, bringt man sich eigene Erfahrungen ins Bewusstsein, deren Aufarbeitung das seelische Gleichgewicht fördern kann. Man bringt sich selbst in die Texte ein und damit gleichzeitig die alten Texte in die Aktualität herein. Isaak und Rebekka, Jakob und Esau, Laban und seine Töchter – das sind wir; und ihre Geschichten, die so viele Möglichkeiten der Anknüpfung bieten, werden zu unseren eigenen Geschichten.

Verschiedene Umgangsweisen mit dem biblischen Text, wie hier nur einige wenige gestreift wurden, zeigen die Vielfalt der alten Geschichten auf. Sie bieten für jeden Anknüpfungspunkte. Die Stärke der Gestalten liegt darin, dass sie zu Identifikationsfiguren für jeden von uns werden können. Das aber ist in der Tatsache begründet, dass Jakob und die Seinen nicht als perfekte Vorbilder gezeichnet werden, nicht einmal als Menschen mit besonders herausragenden Qualitäten, sondern als realistische Gestalten, deren Bedeutung darin liegt, dass Israel seinen Ursprung auf sie zurückführt. Die Geschichten über Jakob und die Seinen zeigen, wie Gott auch auf krummen Linien gerade schreibt.

D. VERZEICHNISSE

1. Literaturverzeichnis

Quellen

Der Babylonische Talmud. Nach der ersten zensurfreien Ausgabe unter Berücksichtigung der neueren Ausgaben und handschriftlichen Materials ins Deutsche übersetzt von Lazarus Goldschmidt, Band IV und Band XI, Frankfurt a. M. 1996, Sonderausgabe 2002.

Biblia Hebraica Stuttgartensia, hrsg. von Karl Elliger und Wilhelm Rudolph, Stuttgart ^{5}1997.

Der Koran. Übersetzung von Adel Theodor Khoury. Unter Mitwirkung von Muhammad Salim Abdullah, Gütersloh ^{3}2001.

WÜNSCHE, AUGUST: Der Midrasch Bereschit Rabba. Das ist die haggadische Auslegung der Genesis, Leipzig 1881.

Hilfsmittel

Accordance Bible Atlas, Oak Tree Software, Inc., Altamonte Springs, FL/USA, 2004.

EVEN-SHOSHAN, AVRAHAM (Hrsg.): A New Concordance of the Bible. Thesaurus of the Language of the Bible. Hebrew and Aramaic Roots, Words, Proper Names, Phrases and Synonyms, Jerusalem 1993 (hebräisch).

KOEHLER, LUDWIG / BAUMGARTNER, WALTER: Hebräisches und aramäisches Lexikon zum Alten Testament, Leiden ^{3}1967 (HAL).

Sekundärliteratur

ALT, ALBRECHT: Der Gott der Väter, in: Ders., Kleine Schriften zur Geschichte des Volkes Israel, 1. Bd, München 1953.

ARISTOTELES: Poetik. Übersetzt und erklärt von Prof. Dr. Adolf Stahr, Langenscheidtsche Bibliothek sämtlicher griechischen und römischen Klassiker in neueren deutschen Musterübersetzungen, 22. Bd.: Aristoteles III. Poetik / Topik (Disputierkunst), Berlin 1920.

BAUKS, MICHAELA: Genesis 35,22B–29, in: Jean Daniel Macchi / Thomas Römer (Hrsg.), Jacob. Commentaire à plusieurs voix de / Ein mehrstimmiger Kommentar zu / A Plural Commentary of Gen. 25–36. Mélanges offerts à Albert de Pury, Genf 2001, 276–290.

BERGE, KÅRE: Die Zeit des Jahwisten. Ein Beitrag zur Datierung jahwistischer Vätertexte, BZAW 186, Berlin u. a. 1990.

BLUM, ERHARD: Die Komposition der Vätergeschichte, WMANT 57, Neukirchen-Vluyn 1984.

BOECKER, HANS JOCHEN: 1. Mose 25,12–37, 1. Isaak und Jakob, ZBK: AT 1,3, Zürich 1992.

BRIEND, JACQUES: Genèse 35,16–22A, in: Jean Daniel Macchi / Thomas Römer (Hrsg.), Jacob. Commentaire à plusieurs voix de / Ein mehrstimmiger Kommentar zu / A Plural Commentary of Gen. 25–36. Mélanges offerts à Albert de Pury, Genf 2001, 267–275.

CALVIN, JOHANNES: Auslegung der Genesis. Übersetzt und bearbeitet von D. Wilhelm Golters (Kap. 1–43) und D. Matthias Simon (Kap. 44–50), Erster Band der Gesamtausgabe von Calvins Auslegung der Heiligen Schrift, Neue Reihe, 1956, Neukirchen.

CRÜSEMANN, FRANK: Die Gotteskämpferin, in: Dorothee Sölle (Hrsg.), Für Gerechtigkeit streiten. Theologie im Alltag einer bedrohten Welt. Luise Schottroff zum 60. Geburtstag, 1994, 41–45.

Dieckmann, Detlef: Segen für Isaak. Eine rezeptionsästhetische Auslegung von Gen 26 und Kotexten, BZAW 329, Berlin / New York 2003.

Dietrich, Walter: Jakobs Kampf am Jabbok (Gen 32,23–33), in: Jean Daniel Macchi / Thomas Römer (Hrsg.), Jacob. Commentaire à plusieurs voix de / Ein mehrstimmiger Kommentar zu / A Plural Commentary of Gen. 25–36. Mélanges offerts à Albert de Pury, Genf 2001, 197–210.

Donner, Herbert: Geschichte des Volkes Israel und seiner Nachbarn in Grundzügen 1 und 2, ATD Ergänzungsreihe Band 4/1,2, Göttingen 1984/1986.

Finkelstein, Israel / Silberman, Neil Asher: Keine Posaunen vor Jericho. Die archäologische Wahrheit über die Bibel, München [4]2003.

Floss, Johannes P.: Wer schlägt wen? Textanalytische Interpretation von Gen 32,22–33*, BN 20/21, 1983.

Fokkelman, Jan P.: Narrative Art in Genesis. Specimens of Stylistic and Structural Analyses, Assen/Amsterdam 1975.

Gamberoni, J.: Art. »makom«, in: ThWAT IV, 1113–1124.

Gese, Hartmut: Jakob, der Betrüger?, in: Meilenstein. Festgabe für Herbert Donner zum 16. Februar 1995, hrsg. von Manfred Weippert und Stefan Timm, ÄAT 30, Wiesbaden 1995, 33–43.

Gradwohl, Roland: Waren Leas Augen hässlich?, VT XLIX, 1999.

Graupner, Axel: Der Elohist. Gegenwart und Wirksamkeit des transzendenten Gottes in der Geschichte, WMANT 97, Neukirchen 2002.

Greenspahn, F. E.: When Brothers Dwell Together. The Preeminence of Younger Siblings in the Hebrew Bible, New York / Oxford, 1994.

Gunkel, Hermann: Genesis, Nachdruck der 3. Auflage mit ausführlichen Registern von Paul Schorlemmer, Göttinger Handkommentar zum Alten Testament, Göttingen [9]1977.

Hendel, Ronald S.: The Epic of the Patriarch. The Jacob Cycle and the Narrative Traditions of Canaan and Israel, Harvard Semitic Monographs 42, Atlanta, Georgia, 1987.

Houtman, Cornelis: Der Himmel im Alten Testament. Israels Weltbild und Weltanschauung, Oudtestamentische Studien XXX, Leiden / New York / Köln 1993.

Jacob, Benno: Das erste Buch der Tora. Genesis, Berlin 1934.

Klein, Renate A.: Leseprozess als Bedeutungswandel. Eine rezeptionsästhetische Erzähltextanalyse der Jakobserzählungen im Buch Genesis, Arbeiten zur Bibel und ihrer Geschichte 11, Leipzig 2002.

Knauf, Ernst Axel: Genesis 36,1–43, in: Jean Daniel Macchi / Thomas Römer (Hrsg.), Jacob. Commentaire à plusieurs voix de / Ein mehrstimmiger Kommentar zu / A Plural Commentary of Gen. 25–36. Mélanges offerts à Albert de Pury, Genf 2001, 291–300.

Layton, Scott C.: Archaic Features of Canaanite Personal Names in the Hebrew Bible, Harvard Semitic Monographs 47, Atlanta 1990.

Lemche, Niels Peter: Die Vorgeschichte Israels. Von den Anfängen bis zum Ausgang des 13. Jahrhunderts v. Chr., Biblische Enzyklopädie Bd. 1, Stuttgart 1996.

Loretz, Oswald: Die Teraphim als »Ahnen-Götter-Fingur(in)en« im Lichte der Texte aus Nuzi, Emar und Ugarit. Anmerkungen zu ilānū/ilh, ilhm/'lhym und DINGIR.ERÍN.MEŠ/inš ilm, UF 24, 1992.

Lux, Rüdiger: Josef. Der Auserwählte unter seinen Brüdern, Biblische Gestalten, Bd 1, Leipzig 2001.

Maag, Victor: Zum Hieros Logos von Bethel, in: Ders., Kultur, Kulturkontakt und Religion. Gesammelte Studien zur allgemeinen und alttestamentlichen Religionsgeschichte. Zum 70. Geburtstag hrsg. von Hans Heinrich Schmid und Odil Hannes Steck, Göttingen/Zürich 1980, 29–37.

NIPPA, ANNEGRET: Haus und Familie in arabischen Ländern. Vom Mittelalter bis zur Gegenwart, Darmstadt 1991.

OBLATH, MICHAEL: To Sleep, Perchance to Dream ...: What Jacob Saw at Bethel (Genesis 28.10–22), JSOT 95, 2001, 117–126.

PAGOLU, A.: The Religion of the Patriarchs, JSOT.S 277, Sheffield 1998.

PETERSEN, JÜRGEN H.: Erzählsysteme. Eine Poetik epischer Texte, Stuttgart/Weimar 1993.

PURY, ALBERT DE: Der priesterschriftliche Umgang mit der Jakobsgeschichte, in: Schriftauslegung in der Schrift. Festschrift für Odil Hannes Steck zu seinem 65. Geburtstag, hrsg. von R. G. Kratz, Th. Krüger, K. Schmid, BZAW 300, Berlin / New York 2000, 33–60.

RAD, GERHARD VON: Das erste Buch Mose. Genesis, ATD 2/4, Göttingen [8]1967.

RECKER, CHRISTOPH: Die Erzählungen vom Patriarchen Jakob – ein Beitrag zur mehrperspektivischen Bibelauslegung, Münster 2000.

REISER, WERNER: Die Verwandtschaftsformel in Gen. 2,23, ThZ 16, 1–4.

RENDSBURG, GARY A.: Notes on Genesis XXV, VT XXXIV, 1984, 361–366.

ROSE, MARTIN: Genèse 28,10–22: L'exégèse doit muer en herméneutique théologique, in: Jean Daniel Macchi / Thomas Römer (Hrsg.), Jacob. Commentaire à plusieurs voix de / Ein mehrstimmiger Kommentar zu / A Plural Commentary of Gen. 25–36. Mélanges offerts à Albert de Pury, Genf 2001, 77–86.

SCHÖPFLIN, KARIN: Jakob segnet seinen Sohn, ZAW 115, 2003, 501–523.

SCHROER, SILVIA / STAUBLI, THOMAS: Die Körpersymbolik der Bibel, Darmstadt 1998.

SEEBASS, HORST: Genesis II. Vätergeschichte II (23,1–38,43), Neukirchen 1999.

SIMIAN-YOFRE, H.: Art. »nhm«, in: ThWAT V, 1986, 366–384.

SPARKS, KENT: Genesis 49 and the Tribal List Tradition in Ancient Israel, ZAW 115, 2003, 327–347.

SPEISER, EFRAIM AVIGDOR: I Know Not the Day of My Death, JBL 74, 1955, 252–256.

STANZEL, FRANZ K.: Theorie des Erzählens, UTB 904, Göttingen [6]1995.

STAUBLI, THOMAS: Begleiter durch das Erste Testament, Düsseldorf 1997.

STECK, ODIL HANNES: Exegese des Alten Testaments. Leitfaden der Methodik. Ein Arbeitsbuch für Proseminare, Seminare und Vorlesungen, Neukirchen-Vluyn [13]1993.

TASCHNER, JOHANNES: Verheißung und Erfüllung in der Jakoberzählung (Gen 25,19–33,17). Eine Analyse ihres Spannungsbogens, Herders Biblische Studien 27, Freiburg u. a. 2000.

TOORN, KARL VAN DER / LEWIS T. J.: Art. »terafim«, in: ThWAT VIII, 1995, 765–777.

TSEVAT, MATITIAHU: Art. »bekor«, in: ThWAT I, 1973, 643–649.

UTZSCHNEIDER, HELMUT: Patrilinearität im alten Israel – eine Studie zur Familie und ihrer Religion, BN 56, 1991, 60–97.

VAUX, ROLAND DE: Die Patriarchenerzählungen und die Geschichte, SBS 3, Stuttgart [2]1968.

VOGT, ERNST: Benjamin geboren ›eine Meile‹ von Ephrata, Biblica 56, 1975, 30–36.

WESTERMANN, CLAUS: Genesis. 2. Teilband: Genesis 12–36, BK:AT I/2, Neukirchen-Vluyn [2]1989.

WESTERMANN, CLAUS: Genesis. 3. Teilband: Genesis 37–50, BK:AT I/3, Neukirchen-Vluyn 1982.

WESTERMANN, CLAUS: Die Joseph-Erzählung. Elf Bibelarbeiten zu Genesis 37–50, Stuttgart 1990.

WILLI–PLEIN, INA: Genesis 27 als Rebekkageschichte. Zu einem historiographischen Kunstgriff der biblischen Vätergeschichten, ThZ 45, 1989, 315–334.

ZAKOVITCH, YAIR: An Introduction to Inner-Biblical Interpretation (hebräisch), Even-Jehuda 1992.
ZOHARY, MICHAEL: Pflanzen der Bibel, Stuttgart 1983.

Literatur zur Wirkung

BIN GORION, MICHA JOSEF: Die Sagen der Juden, Köln 1997.
HEITHER, THERESIA / REEMTS, CHRISTIANA: Schriftauslegung. Die Patriarchenerzählungen bei den Kirchenvätern, Neuer Stuttgarter Kommentar. Altes Testament 33/2, Stuttgart 1999.
KROCHMALNIK, DANIEL: Schriftauslegung. Das Buch Genesis im Judentum. Neuer Stuttgarter Kommentar. Altes Testament 33/1, Stuttgart 2001.
LAPIDE, RUTH / FLEMMER, WALTHER: Kennen Sie Adam, den Schwächling? Ungewöhnliche Einblicke in die Bibel, Stuttgart/Zürich 2003, 37–62.
MANN, THOMAS: Joseph und seine Brüder. Der erste Roman: Die Geschichten Jaakobs, Frankfurt a. M. 1994.
SÖLLE, DOROTHEE: Gottes starke Töchter. Große Frauen der Bibel, Ostfildern-Ruit 2003.
SPIECKERMANN, HERMANN: Der Gotteskampf. Jakob und der Engel in Bibel und Kunst. Unter Mitarbeit von Susanne Dähn, Zürich 1997.

2. ABBILDUNGSVERZEICHNIS

Abb. 1: Jacob Epstein: Jacob and the Angel, 1939–1940, Alabaster, H 213 cm, Tate Gallery, London; aus: Hermann Spieckermann, Der Gotteskampf. Jakob und der Engel in Bibel und Kunst. Unter Mitarbeit von Susanne Dähn, Zürich 1997.
Abb. 2: Marc Chagall: Rebecca fait bénir Jacob par Isaac, Kohle auf Ingres d'Arches, 31×24 cm, VERVE-Bibel II,

Nr. 20; aus: Marc Chagall, Die Bibel. Gouachen, Aquarelle, Pastelle und Zeichnungen aus dem Nachlaß des Künstlers, hrsg. von Berthold Roland. Mit Beiträgen von Werner Haftmann und Berthold Roland, Katalog der Ausstellungen im Bundeskanzleramt Bonn 15. November 1989 bis 12. Januar 1990 und im Landesmuseum Mainz 2. Februar 1990 bis 22. April 1990, Katalogbearbeitung Berthold Roland, S. 61.

Abb. 3: Gerbrandt van den Eeckhout: Isaac segnet Jacob, New York, The Metropolitan Museum of Art, Bequest of Collis P. Huntington, 1925; aus: Reiner Hausherr, Rembrandts Jacobssegen. Überlegungen zur Deutung des Gemäldes in der Kasseler Galerie, Abhandlungen der Rheinisch-Westfälischen Akademie der Wissenschaften 60, Opladen 1976, Abb. 19.

Abb. 4: Marc Chagall: Jakobs Traum von der Himmelsleiter, Message Biblique Marc Chagall 8, Öl auf Leinwand, 195×278 cm; aus: Christoph Goldmann, Bild-Zeichen bei Marc Chagall. Enzyklopädie zu den Bildern der »Biblischen Botschaft« Band 2, Göttingen 1995, S. 20.

Abb. 5: Rembrandt Harmensz van Rijn: Jakobs Traum, um 1644, 25×20,8 cm, Feder, Bister, Deckweiß, laviert, Louvre, Paris, Departement des Art Graphiques; aus: Klaus Raschzock (Hrsg.), Die Bilder im Gesangbuch. Beschreibung. Kontext. Zugänge, Erlangen: Verlag der Ev.-Luth. Mission 1995, S. 176.

Abb. 6: William Dyce: Jakob und Rahel, 1853, Kunsthalle Hamburg; aus: Keith Andrews, Die Nazarener, Galerie Schuler, München 1974, S. 88.

Abb. 7: Hendrick ter Brugghen (1588–1629): Jakob macht Laban Vorwürfe, ihm Lea statt Rahel zur Frau gegeben zu haben, National Gallery London, aus: Dorothee Sölle, Gottes starke Töchter. Große Frauen der Bibel, Ostfildern-Ruit 2003, S. 37.

Abb. 8: Mandragora autumnalis, aus: Michael Zohary: Pflanzen der Bibel, Stuttgart 1983, S. 189.

Abb. 9: Dante Gabriel Rossetti (1828–1882): Dantes Vision von Rahel und Lea, Aquarell, Tate Gallery London, aus: Dorothee Sölle, Gottes starke Töchter. Große Frauen der Bibel, Ostfildern-Ruit 2003, S. 34.

Abb. 10: Jizchak segnet Jaakow; Esaw kehrt von der Jagd zurück; Fragment aus dem Titelblatt zu Bereschit der »Schocken-Bibel«, Süddeutschland, 14. Jh., aus: W. Gunther Plaut (Hrsg.), Die Tora in jüdischer Auslegung. Bd. I: Bereschit. Genesis, Gütersloh 1999, S. 258.

Abb. 11: Max Beckmann: Jakob ringt mit einem Engel, 1920, 28,6×22,5 cm, Radierung, Sächsische Landesbibliothek Dresden; aus: Klaus Raschzock (Hrsg.), Die Bilder im Gesangbuch. Beschreibung. Kontext. Zugänge, Erlangen 1995, S. 252.

Abb. 12: W. Zarqa (N. Jabbok), aus: Thilo Fitzner (Hrsg.), Länder der Bibel. Archäologisch-historischer Satelliten-Atlas. Standard-Ausgabe, Nicosia 1999, Bd. I, S. 77, Abb. 7.6.

Abb. 13: Marc Chagall: Rahel, Frau Jakobs, Aquarell, Gouache, Tusche, laviert, 76,5×56,5 cm; aus: Marc Chagall, Die Bibel. Gouachen, Aquarelle, Pastelle und Zeichnungen aus dem Nachlaß des Künstlers, hrsg. von Berthold Roland. Mit Beiträgen von Werner Haftmann und Berthold Roland, Katalog der Ausstellungen im Bundeskanzleramt Bonn 15. November 1989 bis 12. Januar 1990 und im Landesmuseum Mainz 2. Februar 1990 bis 22. April 1990, Katalogbearbeitung Berthold Roland, S. 64.

Abb. 14: Jakobs Traum von der Himmelsleiter, Fragment eines Psalteriums flämischer Schule, Mitte 12. Jh., Berlin, Staatliche Museen Preußischer Kulturbesitz, Kupferstichkabinett; aus: Manfred Becker-Huberti, Lexikon der Feste und Bräuche. 3000 Stichwörter mit Infos, Tipps und Hintergründen, Freiburg u. a. ^{2}2001, S. 170.

Abb. 15: Marc Chagall: Jakobs Kampf mit dem Engel, Message Biblique Marc Chagall 9, Öl auf Leinwand, 249 × 205 cm; aus: Christoph Goldmann, Bild-Zeichen bei Marc Chagall. Enzyklopädie zu den Bildern der »Biblischen Botschaft« Bd. 2, Göttingen 1995, S. 21.